# 企业标准化建设

张颖　涂荣　杨晓峰◎著

ENTERPRISE
STANDARDIZATION
CONSTRUCTION

经济日报出版社
北京

图书在版编目（CIP）数据

企业标准化建设 / 张颖，涂荣，杨晓峰著. -- 北京：经济日报出版社，2024.9. -- ISBN 978-7-5196-1510-9

Ⅰ.F426.61

中国国家版本馆 CIP 数据核字第 2024PB9926 号

# 企业标准化建设

## QIYE BIAOZHUNHUA JIANSHE

张　颖　涂　荣　杨晓峰　著

| 出　　版： | 经济日报出版社 |
|---|---|
| 地　　址： | 北京市西城区白纸坊东街 2 号院 6 号楼 710（邮编 100054） |
| 经　　销： | 全国新华书店 |
| 印　　刷： | 北京文昌阁彩色印刷有限责任公司 |
| 开　　本： | 710mm×1000mm　1/16 |
| 印　　张： | 8.75 |
| 字　　数： | 128 千字 |
| 版　　次： | 2024 年 9 月第 1 版 |
| 印　　次： | 2024 年 9 月第 1 次印刷 |
| 定　　价： | 48.00 元 |

本社网址：www.edpbook.com.cn，微信公众号：经济日报出版社
未经许可，不得以任何方式复制或抄袭本书的部分或全部内容，**版权所有，侵权必究**。
本社法律顾问：北京天驰君泰律师事务所，张杰律师　举报信箱：zhangjie@tiantailaw.com
举报电话：010-63567684
本书如有印装质量问题，请与本社总编室联系，联系电话：010-63567684

本书由广东省市场监督管理局科技项目"粤港澳医疗器械科技创新标准化研究与应用项目"（项目编号2023CZ03）提供经费支持。

# 编委会

**编委主任**：刘国光

**主　　编**：张　颖　涂　荣　杨晓峰
**副主编**：陈嘉晔　闫　征

**编　　委**：（排名不分先后）
　　　　　　李　瑶　万易易　林曼婷　郑前程　彭晓龙
　　　　　　温少君　杨　亮　张　旭　茹俊鸿

# 作者简介

**张 颖**

广州市标准化研究院信息研究中心副主任、标准化高级工程师、CNAS/CMA产品标签检验机构授权签字人、国际图形符号标准化技术委员会（ISO/TC145）专家、广东省医疗器械标准化技术委员会（GD/TC16）副秘书长、广东省薄膜及设备标准化技术委员会（GD/TC64）委员。

**涂 荣**

广东省医疗器械质量监督检验所标准科负责人、医疗器械高级工程师、广东省医疗器械标准化技术委员会（GD/TC16）秘书长。在医疗器械检验、标准化、科研管理和信息化建设领域具有丰富经验。

**杨晓峰**

自2001年加入广州市标准化研究院，是ISO/TC 251/WG9全球召集人和项目负责人，负责了ISO 55013《资产管理 数据资产管理指南》国际标准的制定。作为华南理工大学自动化学院控制系统与控制理论专业的博士，杨晓峰在标准化领域积累了丰富的经验。他担任了CMA检验检测机构和CNAS IB0143产品标签检验机构的授权签字人，拥有标准化正高级工程师、信息系统项目管理师和系统分析师多个高级职称。此外，杨晓峰还主持和参与了多项国家市场监管总局及各级科研课题、以及各层级标准的制定工作，并在标准编写和推广应用方面有深入的研究。

# 序　言

在现代商业社会中，企业标准化建设已经成为了一项至关重要的任务。对于企业而言，标准化建设不仅可以提升产品和服务的品质，还可以提高企业的管理水平和核心竞争力，从而在市场竞争中占据优势地位。

我们从 GB/T 35778—2017《企业标准化工作 指南》的实践角度出发，希望通过本书向您介绍企业标准化建设的相关理论、方法和实践经验。本书内容全面、实用性强，旨在为广大企业家、管理人员以及标准化工作者提供有益的指导和帮助，帮助大家在实际工作中更好地推进企业标准化建设。

本书主要包括认识标准化、标准化工作的主要内容、标准化创新、机构设置、人员要求与信息管理等方面的内容，涵盖了企业标准化建设的各个方面，旨在为读者提供一个全面的标准化建设框架，使读者能够更好地理解、掌握和应用标准化知识。

本书结合了作者们多年在标准化领域的实践经验和理论研究，借鉴了国内外标准化发展的成熟成果，同时也参考了本领域相关书籍、文献和标准化规范。希望本书能够为您提供一份实用性强、科学性高的标准化建设参考工具，帮助您在实际工作中取得更好的成果，我们可以结合附录 1 在阅读中提出问题，并在对应章节中找出对应答案，以加深阅读理解，也可以结合附录 2，在对应章节模拟实践，以更好地实际掌握和运用相关标准化建设方法。

最后，感谢您选择阅读本书。如过程中有任何问题或建议，敬请不吝赐教。

# 目　录

## 第一章　认识标准化 ... 1
第一节　标准化相关概念 ... 2
第二节　企业标准化基本原则 ... 9
第三节　相关参考标准介绍 ... 14

## 第二章　标准化工作的主要内容 ... 17
第一节　工作策划 ... 19
第二节　企业标准体系构建 ... 25
第三节　企业标准制（修）订 ... 28
第四节　标准实施与检查 ... 39
第五节　参与标准化活动 ... 42
第六节　评价与改进 ... 54

## 第三章　标准化创新 ... 61
第一节　标准化创新的含义 ... 62
第二节　标准化创新的重要性 ... 67
第三节　开展标准化创新 ... 69

## 第四章　机构设置、人员要求与信息管理 ... 77
第一节　机构设置 ... 79
第二节　标准化人员要求 ... 91

第三节　标准化信息管理 ············································· 95

**附录1　课程习题** ····················································· 105

练习1　企业标准化基础与策划 ································· 106

练习2　企业标准体系的构建 ····································· 106

练习3　企业标准制（修）订 ····································· 107

练习4　企业标准的实施与检查 ································· 107

练习5　企业如何参与标准化活动 ····························· 108

练习6　企业标准化的评价与改进 ····························· 108

练习7　企业标准化（科研）创新 ····························· 109

练习8　企业标准化的机构设置、人员要求与信息管理 ············ 109

**附录2　课程实践** ····················································· 111

讨论1　企业标准化工作策划 ····································· 112

训练2-3　企业标准体系的构建 ································· 119

训练4　企业标准的实施与检查 ································· 121

训练5　企业如何参与标准化活动 ····························· 122

训练6　企业标准化的评价与改进 ····························· 123

训练7　企业标准化（科研）创新 ····························· 123

讨论8　企业标准化的机构设置、人员要求与信息管理 ············ 124

**参考文献** ······························································· 126

# 第一章 认识标准化

求知是人类的本性。

——亚里士多德

标准化是一种旨在提高产品、过程或服务的质量、可靠性和安全性的活动。随着全球化的加速和国际贸易的不断增长，标准化在现代社会中变得越来越重要。从工业生产到科学研究，从社会管理到公共服务，标准化都扮演着不可或缺的角色。了解标准化的概念和原则，以及在不同领域中的应用，对于个人和企业都至关重要。在本书中，我们将论述标准化的相关概念和基本原则。

## 第一节　标准化相关概念

标准化是现代社会中不可或缺的一个概念，它涉及各个领域和行业的规范化和统一化。在这本《企业标准化建设》一书中，我们将为您详细介绍标准化的相关概念和作用，以及如何在企业中实施标准化建设，以不断提高企业的核心竞争力和产品质量。无论您是企业的管理者、从业者还是学生，本书都会对您有所启发和帮助，让您更加深入地了解标准化的重要性和实践方法。就本书而言，标准、标准化对象和标准化三个概念是基础且必要的。

（一）标准的定义

**标准　standard**

通过标准化活动，按照规定的程序经协商一致制定，为各种活动或其结果提供规则、指南或特性，供共同使用和重复使用的文件。

注1：标准宜以科学、技术和经验的综合成果为基础。

注2：规定的程序指制定标准的机构颁布的标准制定程序。

注3：诸如国际标准、区域标准、国家标准等，由于它们可以公开获得以及必要时通过修正或修订保持与最新技术水平同步，因此它们被视为构成了公认的技术规则。其他层次上通过的标准，诸如专业协（学）会标准、企业标准等，在地域上可影响几个国家。

[GB/T 20000.1—2014，定义5.3]

标准是指为特定领域或某种活动或其结果所制定的规则、指南或特性，以供共同使用和重复使用的文件。我们从不同的维度来解读这个概念，可得到以下几个方面的内容。

1. 标准的制定目的

标准的制定是为了规范和统一特定领域内的活动或其结果，提高产品、服务和生产过程的质量和效率，促进经济、技术和社会的发展。标准具有约束力和指导作用，能够为企业和个人提供统一的依据和参照。

2. 标准的制定程序

标准的制定需要遵循规定的程序，经过协商一致制定。标准制定程序的规定包括确定制定标准的机构、成员资格、制定标准的工作组织、标准的制定、公示和审查等步骤，以确保标准的权威性、科学性和公正性。

3. 标准的基础和要素

标准应以科学、技术和经验的综合成果为基础，体现行业和领域内的最佳实践和发展趋势。标准中应包括相关的要素，如定义、分类、术语、符号、单位、测试方法、质量指标、安全要求、环境保护等。

4. 标准的层次和范围

标准根据不同的制定机构和目的，可分为国际标准、区域标准、国家标准、行业标准、企业标准等不同层次。不同层次的标准在地域范围和影响力上也有所不同，但它们都可以提供共同使用和重复使用的规则、指南或特性。

5. 标准的重要性和作用

标准作为公认的技术规则，对于推动技术进步、提高生产效率、促进产品质量和安全、增强国际竞争力等方面都具有重要作用。企业和个人应积极遵守标准，发挥标准的指导作用，以提高产品和服务的市场竞争力和信誉度。

（二）标准化对象的定义

**标准化对象**　subject of standardization

需要标准化的主题。

注1：本部分使用的"产品、过程或服务"这一表述，旨在从广义上囊括标准化对象，宜等同地理解为包括诸如材料、元件、设备、系统、接口、协议、程序、功能、方法或活动。

注2：标准化可以限定在任何对象的特定方面，例如，可对鞋子的尺码和耐用性分别标准化。

［GB/T 20000.1—2014，定义3.2］

从以上定义，我们可以看出，标准化对象可以是任何与产品、过程或服务相关的事物。具体来说，标准化对象可以包括各种材料、元件、设备、系统、接口、协议、程序、功能、方法或活动等。因此，在进行标准化活动时，需要明确标准化对象的范围和具体内容，以便制定相应的标准。

需要注意的是，标准化对象的范围可以非常广泛或非常具体，具体取决于标准化的目的和实际需求。例如，针对某种产品进行标准化时，可以对其外观、尺寸、性能、安全、环保等方面进行标准化；针对某种过程进行标准化时，可以对其流程、步骤、控制等方面进行标准化；针对某种服务进行标准化时，可以对其服务流程、质量、效率等方面进行标准化。同时，标准化可以限定在对象的特定方面，如对椅子的尺寸和功能性分别进行标准化。

总之，标准化对象是进行标准化活动的重要基础，标准制定的好坏和标准的实用性、适用性都与标准化对象的选择和界定密切相关。

(三) 标准化的定义

**标准化**　standardization

为了在既定范围内获得最佳秩序，促进共同效益，对现实问题或潜在问题确立共同使用和重复使用的条款以及编制、发布和应用文件的活动。

注1：标准化活动确立的条款，可形成标准化文件，包括标准和其他标准化文件。

注2：标准化的主要效益在于为了产品、过程或服务的预期目的改进它们的适用性，促进贸易、交流以及技术合作。

[GB/T 20000.1—2014，定义3.1]

从概念可以看出，标准化是在各个领域中用来确立共同的规则和指导原则的过程。除了工业领域，标准化在社会管理和公共服务、农业领域、科研等领域也有广泛的应用。

在社会管理和公共服务领域，标准化被用来确保政府机构和社会服务提供者的服务质量，如公共交通、教育、医疗保健等。例如，教育领域可以制定学科课程标准，以确保学生在各个年级学到的知识和技能符合国家标准，提高教育质量。

在农业领域，标准化被用来确保食品质量和安全。例如，针对不同类型的农产品，可以制定不同的质量标准和安全规定，确保生产和销售的产品符合国家要求，避免出现食品安全问题。

在科研领域，标准化可以帮助研究人员确立研究方法和数据分析方法的共同规范，提高研究结果的可重复性和可比性，促进学术交流和知识共享。

总的来说，标准化是为了确保产品、服务和活动的质量和可靠性而进行的活动，它可以为各种领域提供共同的规范和指导，促进多方面的合作和发展。

(四) 标准化的作用

标准化是现代社会发展的基石，它以制定共同的规则和标准为手段，为各种领域的发展提供了支撑。标准化的作用不仅局限于工业领域，还广泛应用于社会管理和公共服务、农业领域、科研等领域。接下来，我们将详细阐述标准化在这些领域的作用和重要性。

1. 提高产品、过程或服务的质量和安全性

通过制定标准，可以确保产品、过程或服务的相关要求得到满足，从而提高它们的质量和安全性。例如，在食品行业中，制定了各种食品安全标准，以保障消费者的健康和安全。

2. 促进贸易和技术合作

标准化可以促进国际贸易和技术合作，使不同国家、不同厂商之间的产品和服务可以相互兼容和交流。例如，ISO（国际标准化组织）制定的标准被广泛应用于全球贸易和技术合作中。

3. 提高效率和降低成本

标准化可以减少产品、过程或服务的差异性，从而降低生产成本和提高效率。例如，在制造业中，使用标准化部件可以减少生产线的停机时间和零部件的浪费。

4. 保护环境和资源

标准化可以促进环保和资源节约。例如，在能源领域中，制定能源效率标准可以降低能源消耗，减少对环境的影响。

5. 提高服务水平和公共管理效率

标准化可以提高服务水平和公共管理效率，从而更好地满足公众需求。例如，在公共服务领域中，制定服务标准可以提高服务质量、公众信任度和满意度。

总之，标准化对于提高产品、过程或服务的质量、降低成本、促进贸易和技术合作、保护环境和资源、提高服务水平和公共管理效率等方面都有积极的作用。

（五）企业标准化涉及的部分法律法规

1. 国家整体层面
   - 《中华人民共和国标准化法》
   - 《中华人民共和国标准化法实施条例》

- 《国家标准化发展纲要》
- 《"十四五"推动高质量发展的国家标准体系建设规划》
- 《中国标准创新贡献奖管理办法》

2. 创新基地建设
- 《国家技术标准创新基地管理办法（试行）》
- 《国家标准化管理委员会关于印发〈国家技术标准创新基地申报指南（2023—2025年）〉的通知》

3. 示范试点
- 《国家农业标准化示范区管理办法（试行）》
- 《国家高新技术产业标准化示范区考核验收办法（试行）》
- 《国家级服务业标准化试点实施细则》
- 《国家级服务业标准化试点（商贸流通专项）工作指南》
- 《国家社会管理和公共服务综合标准化试点细则（试行）》
- 《国家循环经济标准化试点工作指导意见》
- 《关于加强国家标准验证点建设的指导意见》

4. 标准制定
- 《全国专业标准化技术委员会管理办法（2020年修订版）》
- 《国家标准化指导性技术文件管理规定》
- 《强制性国家标准管理办法》
- 《推荐性国家标准立项评估办法（试行）》
- 《国家标准管理办法》
- 《国家标准样品管理办法》
- 《行业标准管理办法》
- 《地方标准管理办法》
- 《团体标准管理规定》
- 《企业标准化促进办法》
- 《采用快速程序制定国家标准的管理规定》
- 《采用快速程序制修订应急国家标准的规定》
- 《标准出版发行管理办法》

- 《标准档案管理办法》
- 《关于国家标准制修订计划项目管理的实施意见》
- 《关于国家标准复审管理的实施意见》
- 《关于促进团体标准规范优质发展的意见》

5. 对标达标
- 《关于实施企业标准"领跑者"制度的意见》
- 国家标准委等十部门《关于开展百城千业万企对标达标提升专项行动的通知》
- 《采用国际标准管理办法》

6. 参与国际标准化工作
- 《ISO 常任理事国中国工作委员会管理规定》
- 《参加国际标准化组织（ISO）和国际电工委员会（IEC）国际标准化活动管理办法》

7. 各领域的标准体系和标准化
- 《关于建立健全基本公共服务标准体系的指导意见》
- 《关于加强农业农村标准化工作指导意见的通知》
- 《关于推动农村人居环境标准体系建设的指导意见》
- 《食品安全国家标准管理办法》
- 《国家环境保护标准制修订工作管理办法》
- 《农业农村标准化管理办法》
- 《商务领域标准化管理办法》
- 《广播电视和网络视听标准化管理办法》
- 《自然资源标准化管理办法》
- 《工业通信业行业标准制定管理办法》
- 《应急管理标准化工作管理办法》
- 《体育标准化管理办法》
- 《交通运输标准化管理办法》
- 《卫生标准管理办法》
- 《生态环境标准管理办法》

- 《能源标准化管理办法》
- 《水运工程建设标准管理办法》
- 《水利标准化工作管理办法》
- 《医疗器械标准管理办法》
- 《保险标准化工作管理办法》
- 《公路工程建设标准管理办法》
- 《新闻出版行业标准化管理办法》
- 《中华人民共和国海关行业标准管理办法（试行）》
- 《绿色食品标志管理办法》
- 《海洋标准化管理办法》
- 《粮食和物资储备标准化工作管理办法》
- 《国家标准样品管理办法》
- 《食品安全标准管理办法》
- 《交通运输行业标准管理办法》
- 《林业和草原标准化管理办法》
- 《文化和旅游标准化工作管理办法》
- 《药品标准管理办法》
- 《流通行业标准制修订流程管理规范（试行）》
- 《市场监管行业标准管理办法》

## 第二节　企业标准化基本原则

企业标准化的基本原则是指企业制定和实施标准化体系时必须遵循的基本规则。这些原则的存在和执行，可以确保企业标准化活动的有效性和可持续性，同时可以帮助企业更好地掌握市场的动向和趋势，更加科学、规范、有效地推进标准化工作。如图1所示。

以下是对图1中各项原则的详细说明。

1. 需求导向

在企业标准化工作中，需求导向是一项非常重要的基本原则。这意味

**企业标准化建设**

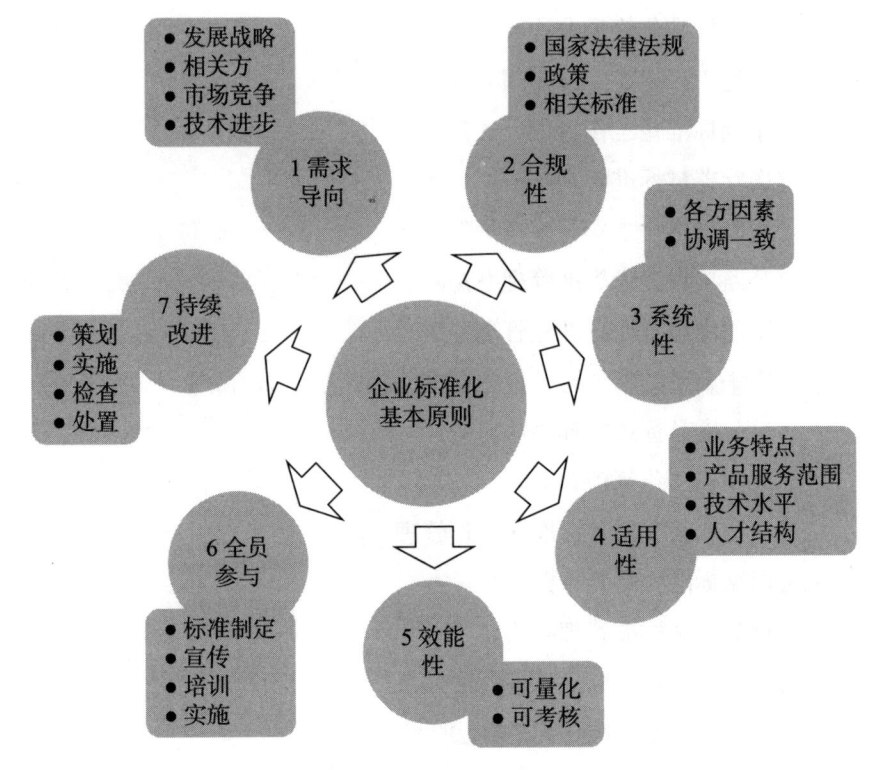

图 1 企业标准化基本原则

着企业在制定和实施标准时，需要以满足各种需求为导向，而这些需求包括企业自身的发展战略、相关方的需求、市场竞争以及生产、经营、管理、技术进步等方面的需求。

首先，企业自身的发展战略是标准化工作的一个重要驱动力。通过制定和实施标准，企业可以更好地管理和控制自己的生产、经营、管理等方面的内容，以实现其战略目标。例如，如果企业的战略是成为某个领域的领军企业，那么可以通过制定相关标准来提高其产品和服务的质量和效率，进而提升企业的市场地位和竞争力。

其次，企业需要考虑相关方的需求，包括客户、供应商、政府监管机构等。通过制定符合相关方需求的标准，可以提高企业的客户满意度、供应链管理效率、符合法律法规要求等方面的能力。

再次，市场竞争也是企业标准化工作的重要推动力。通过制定符合市场需求的标准，可以提高产品和服务的质量和效率，进而提升市场地位和竞争力。

最后，标准化工作可以推动生产、经营、管理、技术进步等多个方面的发展。通过制定和实施标准，可以规范和优化企业的各项业务流程，提高生产效率和管理水平，推动技术进步和创新，促进企业的高质量发展。

因此，需求导向是企业标准化工作的重要基本原则之一，是实现企业战略目标、提升市场竞争力和满足相关方需求的关键。企业需要根据自身的实际情况和战略目标，确定标准化工作的需求导向，制定符合实际需求的标准，并不断完善和更新标准，以适应不断变化的市场和业务环境。

2. 合规性

合规性是企业标准化工作的重要原则之一，指企业的生产规章制度必须符合国家法律法规、政策和相关的标准。企业标准化工作的目的之一是规范企业行为，确保企业在生产经营过程中遵循法律法规、政策和标准的规定，确保产品质量安全、环境保护、职工健康安全等方面的合规性。

在实践中，企业需要制定相应的标准和规范来确保合规性。例如，制定职业安全标准、环境保护标准、食品安全标准等，以保证企业在生产经营过程中遵守法律法规和标准的要求，保障社会和消费者的利益，有利于提高企业在社会和人民心中的形象和信誉度。

此外，企业也需要不断更新和完善自己的标准和规范，适应法律法规、政策和标准的更新换代，确保企业始终保持符合国家要求的状态。企业还需要定期进行自查和审查，以发现和解决存在的问题，确保符合法律法规、政策和标准的要求。只有保持合规性，企业才能持续稳定地发展，获得可持续发展的机会和优势。

3. 系统性

企业标准化工作的系统性原则是指企业在进行标准化工作时应当采取系统化的管理方式，从整体上考虑企业内部标准化的规划、计划和标准体系，确保标准化工作能够协调有序地推进。

这个原则的重要性在于企业在进行标准化工作时需要综合考虑多方面的因素，从而达到协调一致的效果。具体而言，企业应该在制定标准化规划和计划时，考虑到自身的发展需求、市场竞争、技术进步等外部因素，确保标准化工作符合企业发展战略和市场需求。同时，企业也应该关注外部的标准化活动，及时调整和优化内部标准化规划和标准体系，确保企业的标准化工作能够与外部标准化活动协调一致，不会与外部标准发生冲突。

采用系统性原则能够帮助企业更好地规划和实施标准化工作，从而提高企业的竞争力和产品质量。例如，企业可以制定完整的标准化规划和计划，明确标准化的目标和方向，并适时对标准化工作进行评估和优化。同时，企业也可以建立标准化管理体系，加强对标准化工作的监督和管理，不断提高标准化工作的效率和质量。

### 4. 适用性

适用性是企业标准化的基本原则之一，主要指标准化工作的开展必须符合企业经营方针、目标的要求，服务于企业发展战略。企业标准化应该以解决实际问题为导向，遵循客观真实、技术可行、经济适用、社会可接受的原则，确保标准化工作的指向清晰、目的明确。

为了确保标准化工作的适用性，企业需要在标准化工作开展前进行需求分析，了解相关方的需求，制定相应的标准化方案。标准化工作方案的制定要考虑企业自身的情况，包括业务特点、产品服务范围、技术水平和人才结构等，以便有效地应用标准。

此外，企业还需要确保标准化工作的有效性。标准体系应该满足需求，标准化工作应该有助于提高产品、服务的质量和效率，降低成本，提高企业竞争力。同时，标准化文件应该清晰、简洁，易于理解和实施，以便企业在生产、经营、管理等方面应用标准。

### 5. 效能性

在企业标准化工作中，效能性是非常重要的一个方面。效能性主要关注标准化工作的实际效果，即标准化工作是否对企业生产、经营和管理目标的实现产生积极的影响。

为实现效能性，企业应该明确标准化工作的驱动力，即标准化工作应该服务于企业的生产、经营和管理目标。在确定标准化工作方针和目标时，应该考虑企业的实际需求，确保标准化工作的指向清晰、目的明确。

此外，在制定标准化规划、计划和标准体系时，应该关注标准化工作的适用性，即标准化工作的方针、目标、标准等应该符合企业的实际需求，标准体系应该满足企业的需求，并且标准有效、便于实施。

最后，企业应该实行可量化、可考核的标准化管理，对标准化工作的实际效果进行评估和监控，以确保标准化工作能够达到预期效果，对企业的生产、经营和管理产生积极的影响。

6. 全员参与

在企业标准化中，全员参与是非常重要的一个基本原则。这意味着企业的所有员工都应该积极地参与标准化工作，包括标准制定、宣传、培训和实施等环节。

首先，全员参与可以保证标准化工作的全面性和深度。在标准制定过程中，各个部门和岗位的员工都应该参与其中，共同制定出最适合企业的标准；在标准宣传和培训过程中，员工的积极参与可以帮助宣传和培训工作更好地落实到位；在标准实施过程中，员工的全面配合和执行可以保证标准的有效性和可持续性。

其次，全员参与可以提高员工的标准化素养和认知水平。标准化不仅是企业的基本管理模式，也是员工日常工作的基本要求。通过全员参与，员工可以更深入地了解标准化的重要性、意义和方法，从而不断增强自身的标准化意识、提升素养，更好地适应企业的发展和变化。

最后，全员参与可以增强员工的凝聚力和归属感。标准化是企业的共同事业，通过全员参与，员工可以从中感受到自己的价值和作用，增强对企业的归属感、提高忠诚度，从而更好地为企业的发展贡献力量。

因此，企业标准化中全员参与是非常重要的，只有所有员工积极参与标准化工作，才能确保标准化工作的全面、深入和有效性。

7. 持续改进

"持续改进"是企业标准化的基本原则之一，它强调标准化工作不是一次性的事情，而是需要持续不断地改进和优化。具体来说，持续改进应遵循"策划—实施—检查—处置"的循环管理方法，以达到不断优化和提升标准化工作的目的。

首先，企业需要制定标准化工作计划和目标，确保标准化工作符合企业战略和发展需要，实现企业生产、经营和管理目标的驱动。在实施标准化工作时，需要对企业标准体系和实施标准进行评价，及时发现问题并采取改进和预防措施。这个过程需要不断地进行检查、处置和持续改进。

其次，企业应根据市场和需求的变化，对风险和机遇作出反应，并提出相应的应对措施加以验证。这个过程中，企业需要将改进、预防、应对措施的经验或科技成果制定成标准，纳入企业标准体系，从而提升企业标准化工作的效能和适用性。

持续改进需要全员参与，企业需要建立完善的标准化组织和体系，开展标准化宣传和培训，营造全员参与的标准化工作氛围，提高员工对标准化的认识和自觉执行标准的素养。

综上所述，持续改进是企业标准化工作的基本原则之一，通过循环管理方法来推进标准化工作的持续优化和提升，以适应市场和需求的变化，为企业发展提供有力支持。

## 第三节　相关参考标准介绍

### GB/T 13016—2018　标准体系构建原则和要求

本标准规定了构建标准体系的基本原则、一般方法以及标准体系的内容要求。

本标准适用于各类标准体系的规划、设计和评价。

### GB/T 13017—2018　企业标准体系表编制指南

本标准给出了企业标准体系结构图、标准明细表、企业标准体系表编制说明、企业标准统计表的形式等的编制指南以及编制企业标准体系表的一般方法，并提供了常见的企业标准体系参考结构图以及典型类型的企业标准体系表示例。

本标准适用于企业标准体系表的编制，工程项目标准体系表的编制也可以参照使用。

**GB/T 15496—2017　企业标准体系　要求**

本标准规定了企业标准体系总体要求，标准体系构建、运行及评价与改进的要求。

本标准适用于各种类型、不同规模企业的标准体系构建，其他组织可参照执行。

**GB/T 15497—2017　企业标准体系　产品实现**

本标准规定了企业标准体系中产品实现标准体系的构成和要求。

本标准适用于各种类型、不同规模企业的产品实现标准体系构建，其他组织可参照执行。

**GB/T 15498—2017　企业标准体系　基础保障**

本标准规定了企业生产、经营和管理活动中的基础保障标准体系及其子体系的构建和要求。

本标准适用于各种类型、不同规模的企业建立基础保障标准体系，其他组织可参照执行。

**GB/T 19273—2017　企业标准化工作　评价与改进**

本标准规定了企业标准化工作评价与改进的术语和定义、原则与依据、基本要求、策划、实施、结果与管理以及改进要求。

本标准适用于企业自我评价与改进和第三方评价，第二方评价可参照执行。

**GB/T 20000.1—2014　标准化工作指南　第 1 部分：标准化和相关活动的通用术语**

GB/T20000 的本部分界定了标准化和相关活动的通用术语及其定义。

本部分适用于标准化及其他相关领域。本部分也可为诸如标准化基本理论研究和教学实践提供相应的基础。

**GB/T 1.2—2020　标准化工作导则　第 2 部分：以 ISO/IEC 标准化文件为基础的标准化文件起草规则**

本标准界定了国家标准化文件与对应 ISO/IEC 标准化文件的一致性程

度，确立了以 ISO/IEC 标准化文件为基础起草国家标准化文件的总体原则和要求，规定了起草步骤、相关要素和附录的编写规则。

GB/T 20001.10—2014　标准编写规则　第 10 部分：产品标准

GB/T 20001 的本部分规定了起草产品标准所遵循的原则、产品标准结构、要素的起草要求和表述规则以及数值的选择方法。

本部分适用于国家、行业、地方和企业产品标准的编写，具体适用于编写有形产品的标准，编写无形产品的标准可参照使用。

GB/T 24421.1—2023　服务业组织标准化工作指南　第 1 部分：总则

本文件提供了服务业组织标准编制工作的指导，给出了立项、起草、征求意见、审查、批准发布和持续改进需考虑的因素等信息。

本文件适用于服务业组织标准的编制。

GB/T 24421.2—2023　服务业组织标准化工作指南　第 2 部分：标准体系构建

本文件提供了服务业组织标准体系的构建建议，并给出了需要考虑要点有关的信息。

本文件适用于服务业组织标准体系的规划、设计和构建。

GB/T 24421.3—2023　服务业组织标准化工作指南　第 3 部分：标准编制

本文件提供了服务业组织标准编制工作的指导，给出了立项、起草、征求意见、审查、批准发布和持续改进需考虑的因素等信息。

本文件适用于服务业组织标准的编制。

GB/T 24421.4—2023　服务业组织标准化工作指南　第 4 部分：标准实施及评价

GB/T 24421 的本部分给出了服务业组织标准实施、标准实施评价及标准体系评价的指南。

本部分适用于服务业组织标准实施，并对标准实施和标准体系进行评价。

# 第二章　标准化工作的主要内容

谁能以深刻的内容充实每一个瞬间，
　谁就是在无限地延长自己的生命。

　　　　　　　　　　　　　　——库尔茨

标准化工作是现代企业生产、管理、交流、合作等多个方面的必备手段和重要保障。它通过制定、实施和应用标准，为产品、过程或服务提供规则、指南或特性，以达到最佳秩序和共同效益的目的。那么，作为企业中的一项重要工作，标准化工作主要包括哪些内容呢？如图2所示。

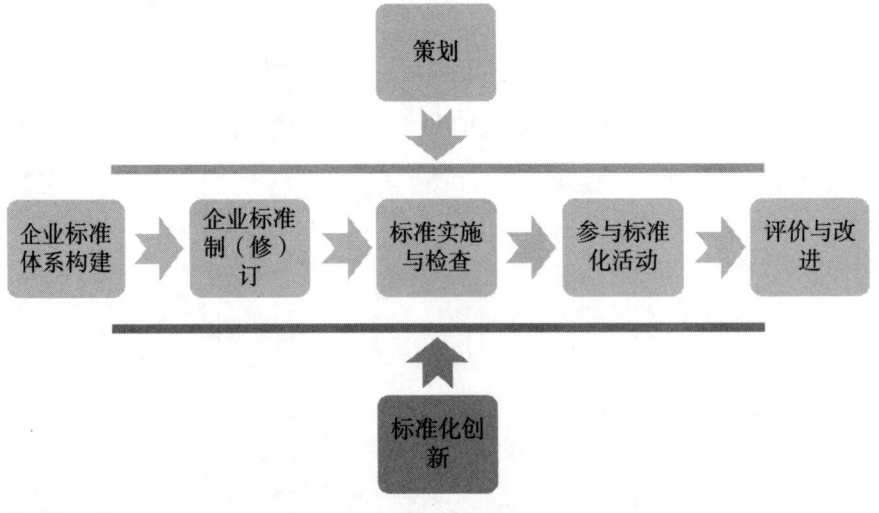

**图2　标准化工作的主要内容**

从图2中我们可以看到，策划部分贯穿企业标准体系构建直至评价与改进环节的全过程，同时标准化创新部分作用于这个整体上，这就是典型的企业标准化建设工作的逻辑结构。以下我们将对策划、企业标准体系构建、企业标准制（修）订、标准实施与检查、参与标准化活动、评价与改进6个环节进行详细探讨。标准化创新部分将放在第三章单独论述。

# 第二章 标准化工作的主要内容

## 第一节 工作策划

标准化工作策划是企业标准化工作的重要组成部分，它是指在明确企业发展战略和标准化工作目标的基础上，对标准化工作的实施过程进行系统化规划、组织和管理。通过标准化工作策划，企业可以合理分配资源，明确工作目标，制定具体措施，确保标准化工作的顺利开展。在策划过程中，需考虑各种因素，包括企业内外部环境、利益相关方需求、法律法规要求等，以制订出切实可行的标准化工作计划。

### 一、策划依据

企业标准化工作的策划是企业标准化工作的重要组成部分，能够确保标准化工作的顺利开展，有效满足相关方的需求和期望，有助于推动企业的持续发展。在策划标准化工作时，需要考虑多方面因素，其中包括相关方需求和期望、以顾客为关注焦点、政策、安全、环境、资源、地域、市场、社会责任等因素。

相关方是企业标准化工作的重要影响因素之一，主要包括顾客、所有者、股东、员工、供方和合作伙伴、社会等。通过考虑相关方的需求和期望，可以更好地制定标准化工作策略，提高标准化工作的效益和质量。

以顾客为关注焦点是标准化工作的核心原则之一。企业在策划标准化工作时，需要优先考虑顾客的需求和期望，保证产品、服务的质量和满意度，提高企业的市场竞争力。

此外，策划标准化工作还需要考虑政策、安全、环境、资源、地域、市场、社会责任等因素，确保标准化工作符合国家法律法规、政策，以及环境保护、资源利用等方面的要求，促进企业可持续发展。

最后，企业发展战略及内部管理现状也是标准化工作策划的依据之一，能够帮助企业制定符合实际的标准化工作方案，提高标准化工作的实施效果和管理水平。

**示例：**

一家制造工厂计划实施标准化工作，首先需要考虑相关方的需求和期望，如顾客要求产品质量高、交货期短、价格合理等；所有者和股东要求企业获得利润、降低成本等；员工要求工作环境安全、福利待遇好、培训机会多等；供应商和合作伙伴要求合作关系稳定、合作愉快等；社会要求企业遵守法律法规、环境友好、社会责任意识强等。

在制定标准化工作策划时，这些需求和期望都应该考虑到，并以顾客为关注焦点，以满足市场需求和提高产品竞争力为目标。同时，还应考虑政策、安全、环境、资源、地域、市场、社会责任等因素的影响，制定出适合企业的标准化方案。最后，需要结合企业的发展战略和内部管理现状，制订出可行性强的标准化工作计划。

## 二、策划内容

企业进行标准化工作的过程中，需要明确具体的策划内容，以确保标准化工作能够得到有效的实施和持续改进。以下是对各项策划内容的解读。

1. 标准化工作方针、目标以及标准化管理体制和机制

这部分内容是标准化工作的基础，需要明确标准化工作的方向、目标和管理体制，确保标准化工作能够得到有效的组织和管理。

2. 企业标准体系，标准制（修）订计划

企业标准体系是标准化工作的核心，需要建立一个适合企业特点的标准体系，并规划好标准制（修）订的计划，以确保标准体系的完整性和更新性。

3. 标准实施与监督检查的方案

标准化工作的实施和监督检查是确保标准体系有效运行的关键，需要制定相应的方案，并建立有效的监督检查机制，确保标准实施的质量和效果。

4. 采用国际标准或国外先进标准的策略

在标准化工作中，可以借鉴国际标准或国外先进标准的经验和成果，

不断提高标准化工作水平和效果,制定相应的采用策略,以确保采用的标准符合国家相关规定。

5. 参与标准化活动的策略

参与标准化活动可以提高企业在行业中的影响力和话语权,需要制定相应的策略,尽早做出准备,促进业务的拓展和合作,以提高企业的经济效益。

6. 评价与改进的方法

标准化工作需要持续改进,需要制定相应的评价和改进方法,对标准化工作进行周期性的评价和反馈,并采取相应的措施进行改进,以不断提高标准化工作的水平和效果。

**示例：**

以 A 公司的标准化工作为案例,以展示策划内容的具体实施。

(a) 标准化工作方针、目标以及标准化管理体制和机制

A 公司的标准化工作方针是以"提高客户体验和持续改进"为导向,通过建立标准化体系和流程,以保证产品和服务质量,为客户提供高质量的产品和服务。标准化管理体制包括标准化管理委员会、标准化管理办公室、标准化专家委员会等。标准化机制包括标准化技术管理、标准化工作计划、标准化考核等。

(b) 企业标准体系,标准制(修)订计划

A 公司的标准体系包括产品标准体系、过程标准体系、服务标准体系和管理标准体系等。每年制订标准制(修)订计划,对标准进行修订,以保证标准的时效性和有效性。

(c) 标准实施与监督检查的方案

A 公司通过建立标准化体系,对标准的实施进行监督和检查。公司采用内部审查和外部认证相结合的方式,定期对标准化体系进行评估和审核,以确保标准的执行和有效性。

(d) 采用国际标准或国外先进标准的策略

A 公司积极采用国际标准或国外先进标准,将其与公司的实际情况相结合,不断优化标准化体系。例如,A 公司采用了 ISO9001、ISO14001、

ISO20000等标准，并在此基础上建立了一整套质量、环境、服务管理体系，以提高公司的产品质量和服务水平。

（e）参与标准化活动的策略

A公司积极参与标准化活动，包括参与国家和行业标准制定、推广和实施，以及参与国际标准化组织，如ISO、ITU、ETSI等。

（f）评价与改进的方法

A公司建立了标准化绩效评估和改进体系，对标准化工作进行定期评估和改进。通过对标准实施效果的评估，发现存在的问题和不足之处，及时采取改进措施，以提高标准化工作的效果和质量。

基于这个案例，我们可以看到A公司在标准化工作方面取得了显著的成效，从而提升了产品的质量和市场竞争力。这个案例也说明了标准化工作在企业中的重要性和必要性。

## 三、策划要素

策划是企业标准化工作中至关重要的一环，其能否做好直接影响标准化工作的实施和目标的达成。策划要素包括活动内容、流程及要求；所需的各种资源；活动的负责部门、负责人；实现的阶段与时限；对结果的评估程序与方法以及达到预期的标准化工作目标等。下面分别对这些要素进行详细解释。

1. 活动内容、流程及要求

包括标准化工作的具体内容，以及实施这些内容所需要遵循的流程和要求。例如，需要制定哪些标准、如何进行标准制定和修订、如何开展标准实施等。

2. 所需的各种资源

包括人力资源、物质资源、财务资源、技术资源等，以确保标准化工作能够顺利开展。

3. 活动的负责部门、负责人

需要确定哪些部门或个人负责标准化工作的实施和管理。例如，可以指定一个专门负责标准制定的工作人员或部门。

4. 实现的阶段与时限

需要确定标准化工作的实施时间和阶段，以及各个阶段的工作重点和时间节点。

5. 对结果的评估程序与方法

需要确定对标准化工作实施结果的评估程序和方法，以及对标准化工作的改进和优化措施。

6. 达到预期的标准化工作目标

需要明确标准化工作的目标，例如，提高产品质量、提高生产效率、降低成本、提升市场竞争力等，以确保标准化工作能够真正达到预期的效果。

综上所述，策划要素的确定是企业标准化工作成功的关键之一，只有全面、翔实地确定了这些要素，才能确保标准化工作的顺利开展并达到预期的目标。

**示例：**

以某制造企业 B 公司为例子，该制造企业的标准化工作策划要素包括：

（a）活动内容、流程及要求

该企业的标准化工作包括制定产品标准、工艺标准、质量标准等，并将这些标准纳入企业标准体系中。制定标准的过程需要考虑国家和地区的相关法规、政策、标准以及顾客需求等，确保产品的合法性、合规性和市场适应性。同时，为了保证标准的质量和可持续性，该企业制定了标准制定程序和标准审核程序。

（b）所需的各种资源

标准化工作的开展需要多种资源的支持，包括人员、设备、资金等。为了确保标准化工作的顺利开展，该企业制定了标准化工作人员的招聘、培训和评价制度，建立了标准化工作的预算和经费管理制度，以及标准化工作设备的购置和维护制度。

（c）活动的负责部门、负责人

该企业将标准化工作作为企业质量管理的重要组成部分，并成立了标准化管理部门。该部门的主要职责是协调、推动和监督企业的标准化工作。标准化工作的负责人需要具备相关的标准化知识和技能，并与其他部门密切合作，确保标准化工作与企业的其他活动相互配合，共同促进企业的发展。

（d）实现的阶段与时限

标准化工作的实施需要分阶段进行，并且需要根据实际情况制定时限。该企业根据产品开发、生产周期等因素，制订了标准化工作实施计划，并对计划进行适时调整和优化。

（e）对结果的评估程序与方法

为了评估标准化工作的效果，该企业制定了标准化工作的评估程序和方法。该程序包括评估标准化工作的整体效果、对标准的满意度、标准实施的成本效益等指标，并通过定期的内部审核和外部认证来评估标准化工作的质量和效果。

（f）达到预期的标准化工作目标

该企业制定了一系列的标准化工作目标，包括提高产品的市场竞争力、提高产品的质量、降低成本、提高客户满意度等。针对这些目标，企业制定了具体的标准化工作方案，并逐步推进，每年评估目标的实现情况，并适时调整和完善标准化工作方案。

为了提高产品的市场竞争力，该企业制定了一系列产品标准，以确保产品的质量、安全性和可靠性。其中，还对产品尺寸、重量、性能、材料等方面的标准进行了制定。通过实行这些标准，该企业的产品更加符合客户需求，产品质量得到了提高，市场竞争力也随之提升。

为了提高客户满意度，该企业将客户需求和反馈视为标准化工作的重要依据，制定了一系列的客户服务标准。在客户服务方面，该企业通过制定服务水平、服务态度、服务流程等方面的标准，确保了客户服务的质量和效率，提高了客户满意度，也促进了公司的可持续发展。

此外，为了降低成本，该企业制定了一系列的生产标准，包括生产流程、设备使用、原材料采购等方面。这些标准的实行，使得企业的生产效率得到了提高，原材料浪费的现象减少，达到了降低成本的目标。

该企业还制定了一系列的管理标准，包括人员管理、财务管理、信息管理等方面。这些标准的实行，使得企业的管理水平得到提升，管理效率得到了提高，也为企业的可持续发展打下了基础。

通过制定和实行这些标准化工作，该企业实现了其标准化工作目标，并提高了产品的市场竞争力、产品的质量、降低了成本、提高了客户满意度等。同时，标准化工作的推行也带动了企业整体管理水平的提升，为企业的可持续发展打下了良好的基础。

## 第二节　企业标准体系构建

企业标准体系是指由企业自行制定和实施的一套标准体系，用于规范企业生产、管理、服务等方面的各项活动。在当前市场竞争激烈的环境下，企业标准体系的建立不仅可以提高企业产品的质量和竞争力，更可以加强企业内部管理和优化流程。企业标准体系的构建需要全面考虑企业的需求和相关方的期望，以确保体系能够有效地发挥作用。本章节将重点介绍企业标准体系的构建方法、标准化文件的编制及企业标准体系的评价与改进等方面的内容。

### 一、构建总则

企业标准体系是企业实现标准化的基础和核心，建立健全企业标准体系，需要有一个明确的总则，至少应包括标准化对象的确定、企业标准体系结构设计、与其他管理体系的协调和符合规定等方面。

首先，确定标准化对象是企业建立标准体系的第一步，需要根据对相关方的需求和期望以及企业标准化现状的分析来确定。在此基础上，设计企业标准体系结构，使其主题突出、目标明确、结构合理、层次清晰、相关联的标准协调。这样可以确保企业标准体系的有效性和适应性。

其次，企业标准体系应当能够吸纳和提供其他管理体系所需的标准化文件，并与之相互协调、完整配套，以便于企业实现不同管理体系的协调和集成。这是企业标准体系与其他管理体系的关键联系。

最后，企业标准体系的框架应当符合 GB/T 15496、GB/T 24421 这两个规定。它们分别规定了企业标准化体系的要求和规范。符合这些规定，可以使企业标准体系与国家标准体系相互衔接，达到协调推进的目的。

综上所述，企业标准体系的构建总则是企业建立标准化体系的重要指导。企业应根据实际情况确定标准化对象，设计合理的企业标准体系结构，使其能够与其他管理体系协调配套，并符合相关规定。

## 二、构建方法

企业标准体系的构建是按照标准化规范进行的，其中 GB/T 15496、GB/T 15497 和 GB/T 15498 是一组基础性标准化规范，规定了企业标准体系的一般要求、基本结构和标准编制的规则，因此在构建企业标准体系时，应该遵守这三个标准的规定。

服务业组织的企业标准体系则根据 GB/T 24421 的规定进行构建，该标准规定了服务业组织的标准体系的一般要求、基本结构和标准编制的规则。

除上述标准规范之外，企业标准体系也可以按照其他要求进行构建。但是，无论采用何种方法进行构建，企业都应该确保其标准化体系的科学性、系统性、适应性和可持续性。

**示例：**

例1  制造业企业例子

某汽车制造企业决定构建企业标准体系，按照 GB/T 15496、GB/T 15497、GB/T 15498 的规定进行构建。根据这些标准，该企业制定了车辆质量标准、安全标准、环保标准、生产标准等一系列标准，并将其纳入企业标准体系之中。该企业通过不断地评估和改进，提升了车辆质量、安全性和环保性能，提高了企业的市场竞争力。

例2  服务业企业例子

某酒店服务企业决定构建企业标准体系，按照 GB/T 24421 的规定进行构建。该企业制定了服务标准、环境标准、安全标准、卫生标准等一系列标准，并将其纳入企业标准体系之中。该企业通过不断评估和改进，提升了服务品质和客户满意度，提高了企业的市场竞争力。

### 三、企业标准体系表

企业标准体系表是企业标准化工作中的一个重要文档，可以反映企业标准体系的结构、相互关系以及标准明细等信息。它包括编制说明、体系结构图、标准明细表等图表文件。

其中，标准明细表是企业标准体系表中的一个重要组成部分，它是一个包含各项标准基本信息、关联信息和使用信息的表格，能够满足企业对标准的管理和运用需要，并便于检索和分析。标准基本信息包括标准编号、名称、起草单位、发布日期等；关联信息包括相关标准、法规、规范等；使用信息包括标准适用范围、使用目的、实施方法等。

通过编制企业标准体系表和标准明细表，可以帮助企业更好地管理和运用标准，提高标准化工作的效率和质量。同时，标准明细表也为企业的标准化工作提供了重要的数据支持，可以帮助企业进行标准化工作的评估和改进。

**示例：**

某制造业企业正在构建企业标准体系，下面是该企业可能会编制的企业标准体系表的示例。

**编制说明**：简单介绍企业标准体系表的编制目的和意义，以及标准的分类、编号、修改和废止等管理要求。

**体系结构图**：展示企业标准体系的结构、层次和组成部分，通常采用树状结构或流程图的形式，以便企业内部和外部人员理解和使用。

**标准明细表**：列出所有的企业标准及其相关信息，包括标准名称、编号、颁布日期、修订日期、适用范围、引用标准、标准状态、责任部门、制定人、审核人、批准人、实施日期、修改日期、废止日期、标准评审记录等内容。

标准明细表是企业标准体系表中最重要的部分，是企业标准化工作的核心，也是企业实现标准化管理的关键。通过标准明细表，企业可以更好地管理和运用标准，满足市场需求，提高产品质量，促进企业可持续发展。

## 第三节　企业标准制（修）订

### 一、企业标准范围

企业标准是企业制定的一种具有法律效力的标准，其适用于该企业内部的生产、经营、管理等活动，并在企业范围内强制实施。在 GB/T 15496—2017 中，对企业标准的范围进行了规定，主要包括四个方面。

第一，当没有相应或适用的国家标准、行业标准、地方标准、团体标准时，企业可以制定产品/服务标准。这种标准的制定是出于市场需求或其他方面的原因，缺乏相应的标准体系来指导企业进行生产或服务提供。企业需要自主研发制定相关标准。

第二，为了满足相关方的需求，企业可以制定产品实现标准，其核心要素应覆盖 GB/T 15497 的规定。这种标准是在市场需求和相关方需求的基础上制定的，其目的是提高企业产品的质量和市场竞争力。这类标准主要涉及产品的设计、生产、测试、使用等多个环节。

第三，企业可以制定基础保障标准，要素覆盖 GB/T 15498 的规定，以支持产品实现或服务提供。这是企业制定的为产品实现或服务提供保障的标准。包括了企业的管理体系、技术基础设施、生产设备、工具、设备等多个方面。

第四，企业可以制定岗位标准以及满足生产、经营、管理的其他标准，这些标准主要是为了产品实现标准和保障标准的实施而制定的。用于支撑和保障企业的生产、经营、管理等多个环节。其中的岗位标准指的是对企业内部各个岗位职责和工作任务进行规范化，以保证企业的正常运转和管理。

### 二、制（修）订程序

制订或修订企业标准需要按照规定的程序进行，主要分为七个阶段，包括立项、起草草案、征求意见、审查、批准、复审和废止。此外，根据需要决定如何实施特殊程序。在这个过程中，需要经过多方的审核和确认，以确保标准的合规性和可操作性。同时，企业标准还需要定期进行复审，及时对运行条件变化进行调整，保证其持续有效性。如图3所示。

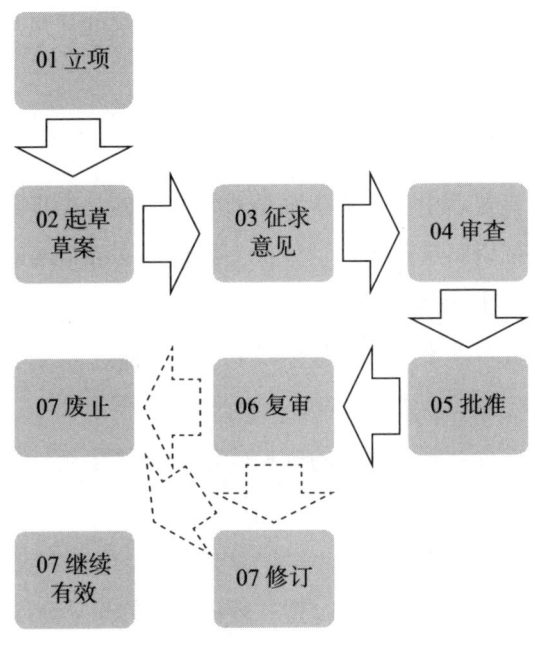

图3 企标制（修）订流程

图3中，各环节的具体说明如下。

（一）立项

企业标准体系的制定需要进行立项，即明确需要制定哪些标准、制定标准的目的和意义、标准制定的范围、标准制定的依据、标准制定的编写要求等。在立项的过程中，需要考虑资源的配备，包括人力、物力、财力等方面，以保证标准的制定过程能够顺利进行。

立项的关键是要明确标准的需求和制定标准的目的，这需要对企业的业务和实际情况进行全面、系统的分析和评估。在明确标准的需求和目的后，还需要制订标准制定的计划和时间表，并对标准制定的过程进行全面的评估和监控，以确保标准能够按时按质完成。

资源的配备也是立项的重要内容，需要根据标准制定的范围和要求，合理配置人力、物力、财力等资源,以确保标准制定的顺利进行,同时也给标准制定的质量提供了保证。

总之,立项是企业标准体系制定的第一步,是整个标准制定过程的基础。只有明确标准的需求和目的,制订好标准制定的计划和时间表,并合理配置资源,才能保证标准制定的质量和效率。

### (二) 起草草案

在标准的制定过程中,起草草案是非常重要的一个步骤。在这一步骤中,需要对相关的资料进行整理、分析,并根据实际情况进行必要的试验和验证,最终起草出标准草案。

具体来说,起草草案的步骤包括以下几个方面。

1. 收集资料

根据标准的需要,收集相关的资料,包括法律法规、行业标准、前置条件等等。

2. 整理分析

对收集到的资料进行整理、分析,理清标准的需求和内容。

3. 进行试验验证

如果有必要,可以对标准内容进行试验和验证,以保证标准的科学性和可行性。

4. 起草标准草案

根据分析和验证的结果,起草标准草案,包括标准的名称、适用范围、主要技术指标、测试方法等。

在起草草案的过程中,需要保证标准的科学性、可操作性、可验证性,同时也要考虑标准的实际应用情况和生产经营需求。起草草案是标准制定过程中的基础,对标准的质量和实用性有着至关重要的影响。[①]

### (三) 征求意见

在标准制(修)定程序中,征求意见是一个非常关键的环节。这个阶

---

① 标准的起草可参考《实用标准写作技巧》中的 5 步法,以获得高质量的草案。

段的目的是获取企业内外相关部门和单位的反馈和建议,以便在标准制定过程中巧妙地结合各方面的因素,确保标准的实用性、科学性和可操作性。

具体来说,征求意见的过程是将标准草案发给企业内有关部门以及必要时的企业外有关单位,如用户、检验机构等,以征求对方的意见和建议。这些意见和建议可能涉及标准的技术性、实用性、可操作性、适用范围、标准格式等多个方面。对做出的反馈意见应该逐一分析和研究,评估意见的可行性和重要性,然后决定取舍后形成标准送审稿。

需要注意的是,征求意见的过程应该充分尊重各方的利益和建议,但同时也需要确保标准制定的科学性和正确性。因此,在标准制定的过程中,需要对反馈的意见进行合理的筛选和整合,避免出现一些不切实际的建议或者涉及利益冲突等问题。

(四) 审查

在企业标准制定过程中,审查是一个非常重要的步骤。审查主要是为了确保标准的制定符合相关法律法规的规定,能够达到预定的目标和要求,并且是可操作、可验证的。同时,审查还要考虑制定的标准与本企业相关标准的协调情况以及是否符合企业规定的标准编写格式。

在审查的过程中,可以采取会议或函件形式来审查标准送审稿。在会议审查中,通常由专家、技术人员及相关工作者通过讨论、交流、提出修改意见等方式来完善标准。而在函件审查中,审查人员会将标准送审稿发送给相关人员进行意见反馈和审查,收集意见后逐一分析并加以改进。

审查的主要目的是确保标准的质量和可操作性,以便于最终达到标准的预期目标,为企业的生产、经营和管理活动提供可靠的依据。

(五) 批准

在标准制定程序中,批准是一个至关重要的步骤,它标志着标准正式获得企业的认可并在不久将得以发布。批准的前提是在审查意见的基础上进行修改,编写标准报批稿,并准备相应的文件资料。

在编写标准报批稿时,应对标准草案进行全面的审查和修改,以确保标准达到预定的目标和要求，符合有关法律法规和强制性标准要求，同时应该考虑到标准的可操作性和可验证性。

准备报批需呈交的相关文件资料是确保标准能够得到合法发布的重要保障。这些文件资料可能包括标准草案、审查意见、修改稿、批准文件等内容。

最后，将标准报批稿和相关文件资料提交给企业法定代表人或授权人进行审批、批准和发布。这一步骤必须严格遵循相关法律法规和企业规章制度，确保标准的合法性和有效性。

### （六）复审

复审是企业标准体系中一个关键环节，需要全面、认真、细致地进行。其目的是对企业标准进行定期的检查，以确保标准的有效性和适应性。

企业标准应该定期进行复审，复审周期一般不超过三年。当国家标准、行业标准或企业内部的运行条件发生了变化，也应及时对企业标准进行复审。这样做的目的可以保证标准与企业的实际运营相符合，同时也能及时发现标准存在的问题并加以解决。

企业标准复审的结论分为三种，包括继续有效、修订和废止。对于继续有效的标准，其内容不需要修改，能够满足当前行业发展和市场需求。需要注意的是，如果对标准只做了少量的修改，可以以修订单的形式予以确认，而不必重新发布标准。

对于需要修订的标准，其内容需要做出较大改动才能够满足当前使用的需求和科学技术的发展。修订的过程需要经过立项、起草、审查等步骤，与标准制定的程序类似。

如果标准已经完全不适应当前需要，就需要废止标准。废止的标准应及时收回，不再执行。

### （七）废止

在企业标准体系中，标准的生命周期并不是永久的，因为标准可能随着时间的推移和技术的发展而过时或失效。当一个标准不再适用或有更好的替代品时，需要将其废止以免引发混乱和误导。因此，在制定企业标准的过程中，也应该考虑标准的废止程序。

企业在废止标准后，应主动停止使用，并及时通知相关部门和人员，以避免在工作中出现混淆和错误。同时，被废止的标准也需要在企业标准目录和数据库中进行相应更新和处理，以确保标准体系的健康运转。

需要注意的是，企业标准的废止并不是轻易进行的，应该遵循严格的程序，以避免误判和不必要的损失。在实际操作中，企业应该制定完善的废止标准程序，包括标准的废止原因、废止程序、废止通知等。同时，企业也应该与相关部门和利益相关方进行充分沟通和协商，以确保废止标准的合理性和可行性。

（八）特殊程序

特殊程序指的是企业标准制定过程中，在特殊情况下需要采用的程序，包括快速制定程序和紧急修订程序。

1. 快速制定程序

是指在特殊情况下，为满足业务需要，需在短时间内制定标准时采用的程序。在这种情况下，为了快速制定标准，通常会省略一些标准制定程序中的步骤，如立项、征求意见、审查等。快速制定的标准只适用于特定的业务需要，不能全面覆盖或替代企业标准。

2. 紧急修订程序

是指当企业标准存在安全隐患或其他严重问题需要紧急修订时采用的程序。在这种情况下，标准制定的过程需要加快，一般不会经过完整的制定程序流程。紧急修订的标准需要尽快得到上级领导的批准和发布，以便在最短时间内保障生产和服务的安全可靠。

总之，在企业标准制定过程中，特殊情况下的快速制定程序和紧急修订程序的应用，是为了在一定程度上满足企业快速反应、应对特殊需求的需要，但是必须保证标准的质量和安全性。企业在实际操作中需要谨慎运用，并在制定标准时制定相应的管理程序，以保障标准制定的有效性和可靠性。

## 三、标准编写

标准编写是企业标准管理的关键环节之一，它直接决定着标准的质量和实用性。一个良好的标准编写能够保证标准的科学性、可操作性和可验证性，提高标准的执行力和适应性。因此，标准编写必须按照一定的流程和规范进行，以确保标准的质量和效果。在本章节中，我们将详细介绍企业标准编写的一般程序、要求和注意事项。

### （一）收集和分析资料

制定和修订标准的过程需要充分的资料支持，以确保标准的科学性和实用性。通常需要收集和分析外部资料和内部资料。

外部资料主要包括政策、经济、社会、环境、顾客需求、国际标准、国外先进标准、国家标准、行业标准、地方标准、团体标准等信息。这些信息对于企业了解行业趋势、发展方向、顾客需求、竞争对手标准等方面都至关重要。

内部资料则包括生产、经营、管理实践中积累的经验数据、员工反馈意见、检查评价结果等信息。这些信息反映了企业自身实践中的问题和经验，可以为标准的制定提供宝贵的参考和支持。

在收集和分析这些资料时，应该注重资料的来源、真实性、全面性和准确性。只有经过科学的分析和评估后的资料，才能为标准制定提供科学的依据，确保标准的实用性和科学性。

### （二）标准编写途径

企业标准的编写可采用以下三种途径。

1. 依据国际标准按 GB/T 1.2 的规定进行转化

企业可以参考国际标准，根据自身需求进行必要的调整和改编，以适应企业的具体情况。转化后的标准应符合国家相关标准的要求，以确保其合法性和可操作性。

2. 对国家标准、行业标准、地方标准或团体标准进行选择和补充

企业可以选择适用的国家标准、行业标准、地方标准或团体标准，根

据企业实际需求进行必要的补充或修订,以形成符合企业实际情况的标准。

3. 自主研制

企业可以根据自身业务特点和经验进行自主研制,根据 GB/T 1.1 的规定,按照标准化技术的基本原则和规则,以及 GB/T 15494 的要求,对标准进行制定和修订。

无论采用哪种途径,企业标准的编写应该充分考虑相关方的需求和利益,充分收集和分析外部和内部的信息和数据,确保标准具有科学性、实用性和可操作性。同时,标准的编写也应该遵循标准化技术的基本原则和规则,确保标准的合法性、可靠性和适用性。

(三) 自主研制企业标准时应考虑的因素

在自主研制企业标准时,应充分考虑相关因素,以确保标准的有效性和可行性。涉及的相关因素主要包括以下几个方面。

1. 符合法律法规、强制性标准,与相关标准协调

企业所制定的标准必须符合国家的法律法规和强制性标准,以确保企业标准的合法性和规范性。同时,也需要与相关标准进行协调,避免标准之间的冲突和重复。

2. 促进新技术、新发明成果转化和提高市场占有率

企业标准可以推动新技术和新发明成果的应用和转化,提高企业在市场上的竞争力和占有率。

3. 降低成本,提高生产、经营和管理效率

通过制定标准,可以规范企业的生产、经营和管理流程,减少资源浪费和生产成本,提高生产效率和产品质量。

4. 改善环境、安全和健康,节约资源

企业标准可以规范企业的环境、安全和健康管理,减少对环境的污染和资源的浪费,美化生活环境,实现社会和企业的可持续发展。

5. 提高产品/服务的兼容性和有效性

完善的企业标准可以提高产品和服务的兼容性和有效性,方便客户的

使用和选择，同时也可以加强企业与客户之间的互动和信任。

6. 有利于发展贸易，规范市场秩序，保护消费者权益

企业标准可以促进国内外贸易的发展，规范市场秩序，保护消费者权益，有利于提高企业的社会责任感和公共形象。

7. 标准实施的可行性

在制定企业标准时，也需要考虑标准实施的可行性，确保所制定的标准可以被实际应用和执行。

8. 方便标准使用者使用

企业标准应该简单、易懂、易于操作和使用，方便标准使用者理解和应用，同时也能够提高标准的普及率和执行力度。

9. 其他

除了以上列出的因素，还有其他一些因素也需要加以考虑，例如标准的可更新性、可维护性、可评估性等。

（四）企业制定产品标准

为了确保产品的质量，以满足用户的需求和要求，同时也能提高企业的生产效率和市场竞争力。产品标准的编写应当考虑到产品的特性，主要包括以下几个方面（可参考《实用标准写作技巧》中的产品标准的写作方法）。

1. 功能性指标

反映产品的基本功能、性能、规格等，如产品的使用寿命、安全性、可靠性、效率等。并不是所有产品标准的编写都要遵循这些指标，需要根据具体的情况进行考虑。

2. 技术指标

反映产品的技术要求和技术限制，如产品的工艺流程、制造材料、组装方式等。这些指标的制定需要考虑到实际的生产条件和技术水平，以确保产品的质量和性能。

3. 理化指标

反映产品的物理、化学和其他相关的特性和性质，如产品的形态、密度、化学成分、电性能等。这些指标可以通过实验室测试等方式来确定，

并应根据相关的国家和行业标准进行制定。

4. 环境适应性

反映产品在不同的环境条件下的适应性和耐受性，如产品的防水性、耐热性、耐寒性等。这些指标需要考虑到产品的使用场景和环境条件，以确保产品在各种情况下的稳定性和可靠性。

5. 人类工效学

反映产品的人性化设计和使用体验，如产品的外观设计、易用性、舒适性等。这些指标的设定需要考虑到用户的需求和感受，以确保产品的质量准确可靠，不断提升企业的市场竞争力。

6. 检验规则、标志、包装、储运等要求

反映产品的检验标准、标识、包装和储运要求，以确保产品在交付和使用过程中的安全性和可靠性。

7. 根据 GB/T 20001.10 的规定

产品标准需要按照标准的结构和要素进行组织和编写，包括标准的前言、范围、规范性引用文件、术语和定义、产品特性和技术要求、检验方法、标志、包装、储运等要求。同时还需要考虑到标准的可行性、可操作性和可执行性等方面，以确保标准的实用性和有效性。

（五）服务标准内容的编写要求

企业标准是指针对本企业生产经营实践需要，由企业自主制定的标准。其中，产品标准是指针对企业生产的产品所制定的标准，服务标准是指针对企业提供的服务所制定的标准。在企业标准制定过程中，对于不同类型的标准，需要考虑不同的因素，采取不同的编写途径，以保证标准的合理性和有效性。

在服务标准编写过程中，需要体现服务的功能性、经济性、安全性、舒适性、时间性和文明性等特征要求。服务标准的主要内容包括服务流程、服务提供、服务质量与控制以及验证等。具体编写服务标准的规范为 GB/T 24421.3。

服务流程是指服务的各个环节和流程，包括服务前、中、后三个环节。服务提供是指服务所提供的内容、方式、时间、地点等,需要明确服务的具体内容和要求。服务质量与控制是指服务的质量标准及其控制措施,如服务人员的培训、监督等。验证是指对服务的质量进行验证,以确保服务达到预期的要求。

编写服务标准需要考虑服务的特点和实际需求,既要满足顾客需求,也要符合相关法律法规和行业标准,以提高企业服务质量和市场竞争力。通过制定和执行服务标准,可以帮助企业提高服务效率和用户满意度,不断增强市场竞争力,更好地保障消费者的合法权益。

### (六) 技术或商业秘密

企业标准是企业内部自行制定的标准规范,主要用于指导企业内部的生产、经营和管理等工作。在制定企业标准时,通常需要考虑到多方面的因素,如法律法规、国家标准、市场需求、科技发展等。

产品/服务标准一般不包括产品的配方、组分、工装等可能涉及企业的核心技术或商业秘密的内容。对于这些项目需要严格保密,避免泄露给竞争对手或其他不法分子。制定企业标准的主要目的是规范企业内部的工作流程和质量标准,避免无效的重复劳动,带领企业更好发展。

在制定产品/服务标准时,如果必须在标准中包含涉及商业秘密的内容,应该采取相应的保密措施,确保信息不会泄露出去。同时,需要制定相应的保密制度,对标准制定和使用过程中的保密问题进行规范和管理,从而保障企业的核心技术和商业机密不受损失。

**示例:**

假设某家化妆品公司打算制定一项新的产品标准,其中包括产品的使用说明、成分列表、保质期、生产日期、使用方法等方面的内容。然而,该公司担心会将产品的配方和制造工艺等商业机密公开,因为这些信息是该公司在市场上的竞争优势之一。

因此,在制定标准时,该公司需要在不泄露商业机密的前提下,确保标准内容的准确性和完整性。这意味着在编写标准时,该公司需要将配方和工艺等敏感信息排除在外,同时确保标准对消费者和市场具有实用性和可行性。这样，该公司既保护了自己的商业机密，又能提供给消费者可靠的产品使用信息，确保了产品的质量和安全性。

## 第四节 标准实施与检查

标准的实施与检查是企业标准化工作的重要环节。标准实施是指企业根据标准要求，对产品和服务的设计、生产、管理等环节进行控制和管理，以保证产品和服务的质量符合要求。标准检查是指企业对标准实施的过程和效果进行监督、检查和评价，以发现和解决存在的问题，保证标准的实施质量。本部分将介绍标准实施与检查的内容、方法和程序，以及标准实施中的重点问题和注意事项。

### 一、实施要求

当一个标准被制定后，要想让它真正发挥作用，就需要将其实施。实施标准不仅仅是简单地颁布和公布标准文件，还需要进行相关的配套措施和培训，以确保标准的有效实施。在这个过程中，需要满足六个要求。

第一，要确保实施标准的相关部门和人员得到相应的标准。这是实施标准的基础，如果实施标准的人员没有获得相应的标准，就无法确保标准的有效实施。

第二，需要进行必要的标准化与专业技术培训。标准的实施需要配套的措施和培训，以确保实施的有效性和可持续性。通过培训，能够提高实施标准人员的专业水平和实际应用能力，进而推动标准的有效实施和贯彻。

第三，可以将标准规定的要求转化为流程图、作业卡以及以信息技术为支撑的人机交互系统等可视化形式，以提高实施效率和效果。这种可视化形式可以更加直观地表达标准的要求和实施过程，有利于标准的贯彻和实施。

第四，对标准中的特定（如质量、安全、环保等）要求，应落实到关键点并采取相应措施予以保障。这些关键点是实施标准的重点和难点，需要特别关注。

第五，标准全面实施并连贯有效。实施标准需要全面覆盖和贯彻，不应存在漏洞或断层的情况。只有实施全面连贯，标准才能真正发挥其作用。

第六，要按照标准要求记录和保存实施证据，包括记录表/卡、音视频、照片等记录信息和通知、报告、计划等工作文件。这些记录表/卡需要按照标准要求进行设计，能够反映记录时间、内容和记录人等相关信息。这些记录可以为实施过程中的监督和评估提供依据，同时也是对实施效果的检验和评价。

## 二、监督检查

监督检查是标准实施过程中非常重要的一环，它可以确保标准的有效实施和持续改进，提高企业的运营效率和产品/服务的质量。在进行监督检查时，需要关注实施标准的资源与符合情况、关键点控制措施、员工对标准的掌握程度、岗位人员的操作过程以及作业活动产生的结果与标准的符合情况这五个方面，这些方面都是影响标准实施效果的关键因素。如果出现问题，需要及时采取措施进行改进。

监督检查可以采取定期检查或不定期检查、重点检查或普遍检查等形式，并可以与其他管理体系的内、外部审核相结合。监督检查的计划应该明确各项工作的时间、地点、检查的内容和方法等，以确保监督检查的有效性和高效性。监督检查可以成立专门的组织，也可以由标准化工作机构根据计划安排组织实施。同时，监督检查的方法应该多样化，包括现场查看与问询、对记录的数据进行核实与分析、运用技术或其他方法进行验证等手段。

监督检查的结果应该形成记录或文件，作为标准考核、改进的依据并进行处置。当标准内容不符合实际需要时及时修订/废止标准，当标准内容符合要求但相关部门执行不力时，需要采取措施加大标准的执行力度，以确保标准的有效实施。监督检查的过程也需要记录和保存实施证据，包括记录表/卡、音视频、照片等记录信息和通知、报告、计划等工作文件。

这些记录表/卡需要按标准要求进行设计，能反映记录时间、内容和记录人等相关信息。

**示例：**

C公司生产一款名为"超级清洁液"的清洁产品，其生产过程需要使用一种特殊的化学配方，而这个配方是C公司的商业秘密，无法在产品标准中公开具体组成和比例。为了确保产品质量和安全性，C公司制定了一系列产品标准，包括功能性、技术、理化指标和检验方法等，同时规定了产品使用范围、方法、注意事项和处理方法。

为确保员工掌握标准内容并严格遵守，C公司开展了定期内部培训和考核。每个月底或季度末，C公司组织内部培训，培训内容包括产品标准解读、关键点控制措施执行、安全生产等方面的知识。培训结束后，需要对员工进行考核，一般采用笔试或现场实操的方式。对于考核不合格的员工，C公司采取补考、再培训等措施，并跟踪到个人以确保所有员工都能掌握产品标准。

C公司也采取了监督检查措施，定期对生产过程中的各个环节进行检查和核实，以确保标准有效实施和产品质量稳定性。监督检查形式包括定期检查、不定期检查、重点检查或普遍检查等，并与其他管理体系的内、外部审核相结合。监督检查计划明确工作时间、地点、检查内容和方法等，确保有效和高效。

如果监督检查发现问题，C公司将采取相应措施纠正和改进，例如提供更多培训机会和加大考核力度，或调整改进生产过程，并及时修订/废止标准以确保内容与实际需要相符。监督检查过程中也可能发生各种问题，例如员工未按标准要求执行生产工艺或设备未按标准维护，C公司将立即采取措施进行纠正。严重问题可能需要停产整改直到问题解决为止。

当监督检查结果发现标准内容不符合实际需要时，C公司需要及时修订/废止标准，例如，市场上出现了新的清洁产品，C公司需要考虑修订产品标准以保持竞争力。C公司采用电子化记录方式记录生产过程中各项数据，包括生产时间、批次、人员、设备等，作为考核和改进依据，在出现问题时及时分析并采取有效措施进行改进。记录还能帮助C公司对生产过程进行追溯，以便追究责任、提高生产效率和质量。另外，C公司还可以将记录作为知识管理的重要内容，建立标准化的知识库，将产品标准、操作规程、流程图、记录等资料进行分类、整理和归档，便于员工查询和使用。通过知识管理，C公司可以更好地保障产品质量和稳定性，提高员工的工作效率和效能。

总之，C公司在生产"超级清洁液"产品的过程中，需要保证生产标准的有效实施和产品质量的稳定性。通过定期内部培训和考核、监督检查、问题纠正和标准修订/废止等措施，C公司可以确保员工掌握标准内容、正确执行标准、不断提高产品质量和稳定性，以及不断适应市场变化和发展的需要。

## 第五节　参与标准化活动

随着经济全球化的加速和市场竞争的日益激烈，标准化工作逐渐成为企业提升竞争力的一种重要手段。参与标准化活动，不仅可以帮助企业了解和掌握市场需求和国际贸易规则，还可以促进企业技术创新和产品质量提升。因此，企业应该积极参与标准化工作，推动企业标准化水平不断提高。本部分将介绍企业参与标准化活动的必要性、参与的途径和方式，以及如何利用标准化工作有效促进企业技术创新和质量提升。参与标准化活动的多种形式如图4所示。

### 一、采用国际标准或国外先进标准

采用国际标准或国外先进标准是企业提高产品质量和技术水平，拓宽贸易市场的有效途径之一。在实践中，企业可通过以下步骤进行国际标准或国外先进标准的采用。

首先，企业需要根据自身的需求以及国内外市场需求，检索和收集相关国际标准、国外先进标准。这一步需要综合考虑不同标准的适用性和可行性，包括标准的范围、内容、适用对象、检测方法等因素。

其次，企业需要对选定的国际标准或国外先进标准的内容进行分析和

第二章　标准化工作的主要内容

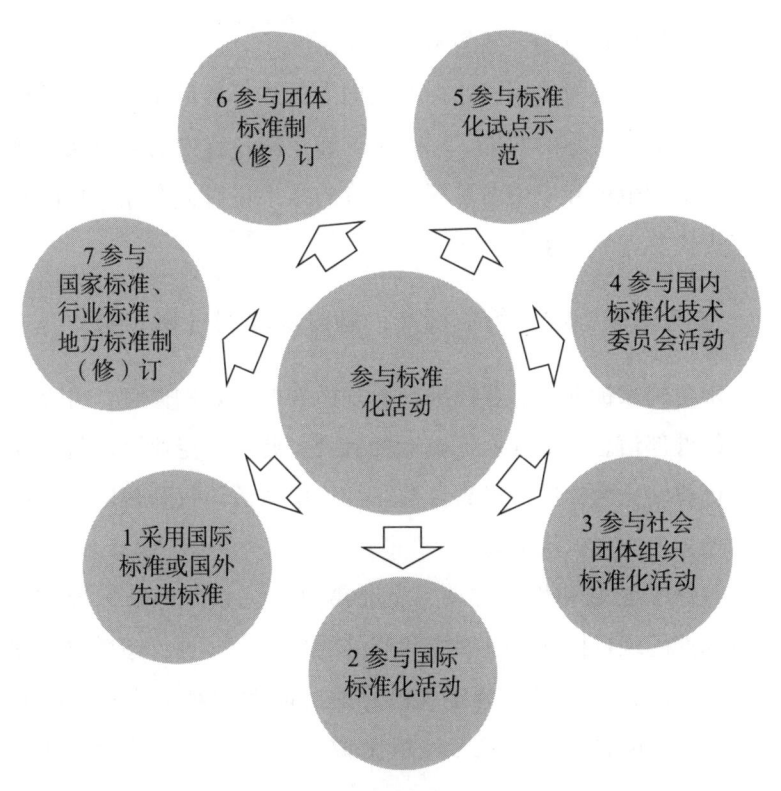

**图4　参与标准化活动的形式**

评估，以确定采用标准的必要性和可行性。分析和评估的过程中，需要考虑标准与企业实际情况的契合度、标准的技术含量和应用前景、标准的知识产权等因素。

再次，如果采用的国际标准或国外先进标准适用于企业，需要将其转化为企业标准并实施，制定要求按照 GB/T 1.2—2020 的规定。这个过程需要将国际标准或国外先进标准中的要素与企业实际情况进行比对和整合，制定出适合企业更好发展的标准要求。

当国家标准、行业标准、地方标准、团体标准已经采用国际标准或国外先进标准时，企业可以直接执行。这样做不仅可以提高效率，还可以降低制定标准的成本和复杂度。

对于直接采用国际标准或国外先进标准的情况，企业需要对标准进行识别，并妥善处理可能涉及的知识产权等事宜。企业需要尊重国际知识产权法律，避免因侵权行为导致的不必要的损失。

最后，企业需要对采用国际标准或国外先进标准的工作进行评价。评价的内容包括标准实施的效果、标准制定和实施过程中的问题及其解决方案、标准的适用范围和应用前景等。评价的结果可以为企业今后的标准制定和实施提供参考和借鉴。

## 二、参与国家标准、行业标准、地方标准制（修）订

通过参与国家标准、行业标准、地方标准的制定和修订，可以为企业获取更多的外部信息，更好地把握市场机会。此外，企业可以将自身的经验和技术优势转化为标准，提高自身在行业中的话语权和影响力，从而在激烈的市场竞争中占据优势地位。

在参与标准制定和修订之前，企业需要关注相关国家标准、行业标准、地方标准的现行情况以及制定和修订的信息。此外，还需要根据自身情况和发展战略，评估参与制定和修订的可能性和对企业发展的推进作用，并确定参与的程度和方式。一般来说，参与的方式有主持制定和修订、参与制定和修订两种。

对于主持制定和修订的企业，其工作内容包括提出标准提案和组织标准编写、征求意见、审查等工作。提出标准提案是企业参与标准制定和修订的重要方式之一，可以让企业对标准内容提出建议和意见。组织标准编写、征求意见和审查等工作则是保证标准制定和修订质量的重要环节。

对于参与制定和修订的企业，其工作内容包括提供本企业标准作参考、编写标准部分内容、提出标准修改建议、验证标准内容、参加标准审查等工作。企业可以通过提供本企业标准作参考，将自身的经验和技术优势转化为标准内容。编写标准部分内容、提出标准修改建议和验证标准内容等工作，则需要企业对标准内容有深入的了解和熟练的技术能力。参加标准审查则可以让企业在标准制定和修订过程中发表意见并参与决策，从而更好地提高企业在行业内的影响力和话语权。

**示例：**

假设某家电公司发现在市场上的竞争力不足，销售额逐渐下降，于是

开始考虑参与标准制定工作来提高企业的竞争力。该公司发现国家正在制定一项新的能效标准,这正好与其所生产的一款产品相关。于是,该公司开始积极参与能效标准的制定工作。

在参与制定过程中,该公司提供了产品的技术参数和测试数据,支持能效标准的编写和修订。此外,公司还派遣技术专家参加了标准制定的会议和讨论,并提出了一些具体的建议和修改意见,以确保新标准与企业实际情况相符合。

该公司的参与不仅有助于为新标准制定提供更准确、更全面的数据,也能促使新标准更好地反映实际市场情况,同时还能将该公司的产品特点和优势内容转化为标准,从而提高公司在市场上的竞争力。

### 三、参与团体标准制(修)订

团体标准是由具有法人资格和相应专业技术能力的学会、协会、商会、联合会以及产业技术联盟等社会团体协调相关市场主体自主制定发布的标准,供社会自愿采用。企业通过参与团体标准的制(修)订,可快速响应市场和技术创新的需求,提升产品和服务的市场竞争力。

参与团体标准制(修)订的步骤可分为以下几个方面。

首先,关注相应社会团体制定团体标准的开展情况,对团体标准的影响力、政府预期、鼓励政策采信的可能性进行评估,确定企业在团体标准制(修)订中所起的作用。

其次,分析本企业生产、经营与团体标准的契合度,明确参与程度。企业应该根据自身业务特点、技术能力、市场需求等因素,评估自己在制定团体标准过程中的角色和影响力,明确参与的程度和方式。

再次,参与团体标准的制(修)订过程,并开展相关工作。企业可以参与标准的制定、修改、审核、实施等各个环节,以确保标准的合理性和科学性。同时,企业还可以将自身的专利或其他科技成果融入团体标准,促进创新技术的产业化、市场化。

在团体标准实施过程中,企业需要及时反馈实施情况,并提出改进建议和意见,以不断完善和优化标准的内容和实施效果。

最后，企业应积极促进和推动团体建立标准化良好行为规范，促进标准化工作的规范化、科学化、标准化，推动标准化工作与社会经济发展紧密结合，以便为企业和市场提供更好的服务。

**示例：**

假设一家汽车制造企业想要参与制定新的团体标准，它需要了解团体标准制定的背景和目的，并评估参与制定对企业自身的利益和发展的推进作用。比如，该企业可能会关注汽车行业内新技术、新材料、新工艺的应用，以及政府部门、行业协会和其他相关团体对标准制定的期望和需求。此外，该企业还需要了解标准制定机构的组织架构、工作程序和决策流程，以便更好地参与标准的制定和实施。

一旦该企业决定参与标准制定，它需要派遣专业人员参与标准起草工作组的建立，与其他企业共同制定标准内容，提出标准修改建议，并验证标准内容。在起草标准的过程中，该企业可能会遇到技术、成本、质量和安全等方面的挑战，需要与其他企业进行协商和妥协，达成共识。比如，在汽车制造中，该企业可能会提出关于汽车底盘高度、发动机功率、车身结构和制动系统等方面的问题。

一旦标准完成审定并发布，该企业可以将其应用到自己的产品和服务中，并在同行业竞争环境中占据优势。在团体标准实施的过程中，该企业需要持续关注标准的实施情况，并不断反馈和改进标准内容，以适应市场的需求变化。例如，在汽车制造中，该企业可能会通过产品升级、工艺改进、原材料选用等方式，逐步提升其产品的质量、性能和安全性，以满足市场和消费者的需求。

总之，参与团体标准的制定需要企业积极参与标准制定和修订的过程，关注行业和市场的发展趋势和需求变化，持续提高产品和服务的质量和竞争力，从而实现企业的可持续发展和社会价值的提升。

## 四、参与标准化试点示范

标准化试点示范是指政府、行业组织等机构通过对特定行业或企业进行标准化实施和持续改进的示范项目。参与标准化试点示范能够为企业带来诸多好处，如增强员工标准化理念、提高产品和服务质量、提升企业知名度和竞争力等。下面我们将详细介绍这些好处，并讲解企业参与标准化试点示范的具体步骤。

首先，参与标准化试点示范可以增强员工的标准化理念。标准化是企业竞争的重要手段，通过参与标准化试点示范，企业员工能够更深入地了解标准化的理念和作用，并将其运用到实际的工作中，提高工作质量和效率。

其次，参与标准化试点示范能够促进企业标准的实施与持续改进，提高产品质量、服务质量和管理水平。通过建立和完善标准化体系，企业能够规范生产和服务流程，提高产品和服务的质量和可靠性，进而提高消费者的满意度和忠诚度。同时，标准化还能够引导企业创新管理，提高管理水平，实现企业高质量发展。

最后，参与标准化试点示范能够提高企业的知名度和竞争力。通过获得标准化认证，企业能够在市场上树立良好的品牌形象和公信力，从而提高企业的知名度和竞争力，为企业的发展打下坚实基础。

为了参与标准化试点示范，企业需要按照以下步骤进行。

（一）关注各级政府部门、行业组织开展标准化试点示范项目的具体情况，了解示范项目的目的、任务和达到的预期效果等信息。

（二）分析标准化试点示范项目对企业品牌建设、管理水平提升的作用性和企业开展的适应度等。企业应该评估自身的技术和管理水平，确定自身是否适合参与试点示范项目，并进行可行性和收益情况的评估。

（三）根据评估结果自愿申报参与标准化试点示范项目

如果企业的申请获得批准，需要完成以下几项主要工作。

1. 建立标准化试点示范项目创建机构，确定组织、明确职责

该机构应由企业内部的专业人员和外部专家组成，负责制定实施计划和方案，并指导实施工作。

2. 制定实施计划、方案，明确目标、进度、措施等内容

实施计划应该根据实际情况和项目要求进行制订，明确实施的目标和进度，并制定相应的措施和计划，保证项目能够按时按质完成。

3. 收集、制定相关标准，构建标准体系，组织实施标准，并按进度推进标准化试点示范项目的其他工作

该工作是标准化试点示范项目的核心，需要企业认真对待。企业应根据实施计划，收集和制定相关的标准，构建标准体系，并按照进度组织实施标准，以保证项目能够达到预期效果。

4. 根据实施进度，进行项目中期评估，及时改进存在的问题

项目中期评估是项目实施过程中的重要环节，可以及时发现和解决问题，保证项目能够按时按质完成。企业应该根据实际情况和项目要求，制订评估计划，并按照计划进行评估，及时改进存在的问题。

5. 在项目期限到达前，按照项目要求进行自我评价，形成自我评价报告并将其纳入确认申请资料，申请确认验收

自我评价是标准化试点示范项目的重要环节，可以评估项目实施效果，并为申请确认验收打下基础。企业应该根据实际情况和项目要求，制订自我评价计划，按照计划进行评价，形成自我评价报告，并将其纳入确认申请资料，以申请确认验收。

总之，参与标准化试点示范是企业提高标准化水平、提高产品质量和服务质量、提升企业知名度和竞争力的重要手段。

**五、参与国内标准化技术委员会活动**

参与国内标准化技术委员会活动，可以让企业及时了解标准制（修）订方面的信息和技术发展动向，从而提升企业的技术水平、管理水平以及市场竞争力。以下是一些具体的做法。

**（一）了解标准制（修）订信息和技术发展动向**

企业可以通过参与国内标准化技术委员会活动，获取与自身业务相关的标准制（修）订信息和技术发展动向。可以通过关注标准化技术委员会的官方网站、微信公众号等渠道，及时获取相关信息。此外，企业可以参与标准制（修）订过程中的公开征求意见环节，向标准化技术委员会反馈自身的需求和建议，参与标准制（修）订进程。

## (二) 了解国内标准化技术委员会设置情况

企业应了解国内标准化技术委员会的设置情况，并选择关注与自身业务相关的技术委员会，以获取更加专业的信息。

## (三) 确定参与标准化技术委员会活动的方式和内容

企业可以根据收集的信息，结合企业人才、技术、资金等情况，确定参与标准化技术委员会活动的方式和内容。具体而言，可采取以下几种方式。

(1) 担任标准化技术委员会、分技术委员会、工作组委员或成员可以直接参与标准制（修）订过程，了解标准制（修）订的最新情况，影响标准制修订进程和结果。此外，还可以通过委员会等组织开展的学习、培训等活动，提高自身的专业能力。

(2) 承担标准化技术委员会、分技术委员会秘书处、工作组工作

承担秘书处、工作组工作可以协助委员会完成工作任务，了解标准制（修）订的进程和结果，掌握更加详细的标准制（修）订信息。此外，还可以通过参与协调、组织、落实等工作流程，提升自身的组织能力和管理能力。

(3) 参加标准化技术委员会、分技术委员会、工作组组织的交流、论坛等活动

参加标准化技术委员会、分技术委员会、工作组组织的交流、论坛等活动可以加深企业对于标准制（修）订信息和技术发展动向的了解，同时可以与其他企业、专家、学者等进行交流和互动，促进提升企业的技术水平和管理水平，增加业务合作机会和拓宽市场渠道。

此外，企业还可以主动参与标准化技术委员会组织的研讨会、培训班、研究项目等活动，积极学习、掌握新的技术和标准，拓宽业务领域，提高企业的竞争力。

总之，参与国内标准化技术委员会活动对于企业来说是非常重要的。通过了解标准制（修）订信息和技术发展动向，确定参与标准化技术委员会活动的方式和内容，可以提升企业的技术水平和管理水平，以及企业市

场竞争力。同时，通过参加标准化技术委员会组织的各种活动，企业可以加强交流和互动，拓宽业务领域，创造更多业务合作机会，不断提高企业的市场竞争力和发展潜力。

## 六、参与社会团体组织标准化活动

参与社会团体组织的标准化活动是企业提高技术、管理和标准化水平的有效途径。通过参与标准化活动，企业可以及时了解相关行业信息、了解最新的标准和技术发展趋势，并能加深企业在社会团体组织中的影响力。下面将对企业参与社会团体组织标准化活动的方法和内容进行详细阐述。

### （一）了解相关行业信息，提升技术、管理和标准化水平

企业通过参与社会团体组织的标准化活动，可以及时获得相关行业信息，了解最新的技术发展趋势和标准制定进度，提高企业的技术、管理和标准化水平。在标准化活动中，企业可以向其他企业学习和交流，了解行业内先进的技术和管理经验，不断提升自身的技术和管理水平。

### （二）关注各级标准化协会、相关行业协会等社会团体组织开展的标准化活动信息

企业可以通过关注各级标准化协会、相关行业协会等社会团体组织的官方网站、微信公众号等渠道，及时获取相关标准化活动的信息。同时，企业还可以参与这些组织举办的研讨会、论坛等活动，深入了解标准化制定的背景和意义，获取更多行业内的信息和经验，提高企业在行业中的竞争力。

### （三）确定参与社会团体组织标准化活动的方式和内容

企业可以根据收集的信息，结合企业人才、技术、资金等情况，确定参与社会团体组织标准化活动的方式和内容。具体而言，可采取以下几种方式。

（1）参加标准化知识培训、标准宣贯

参加标准化知识培训、标准宣贯活动可以加深企业对标准化工作的理解和认识，提高标准化工作的参与度和质量。企业可以通过参加各级标准化协会等组织开展的培训课程，学习标准化知识，了解标准化的基本概念、原则、方法和应用，提高自身标准化工作的专业水平。此外，还可以参加标准宣贯活动，了解各种标准的重要性和适用范围，促进企业对标准的认知和应用。

（2）参加标准化学术研讨会、标准化论坛等活动

参加标准化学术研讨会、标准化论坛等活动可以帮助企业了解最新的技术和标准制定进展，促进与其他企业和专家之间的交流与合作。通过参加这些活动，企业可以获取最新的技术、市场和政策信息，掌握行业内最新的发展趋势和标准要求，并根据这些要求，不断完善自身，提高企业在行业内的竞争力。

（3）参加标准化优秀论文、优秀科普作品评选活动

参加标准化优秀论文、优秀科普作品评选活动可以提高企业的技术水平和知名度。通过参加这些活动，企业可以了解行业内优秀的科技成果和标准化实践并学习其优秀之处，不断提升自身的技术和研发能力，同时也可以展示企业的技术实力和创新能力，提高企业在行业中的影响力。

（4）通过社会团体组织同国外标准化组织开展交流与合作

企业可以通过社会团体组织同国外标准化组织开展交流与合作，了解国外标准化的先进经验和技术，探索国际标准化的新动向和新机遇，提高企业在国际市场中的竞争力和影响力。此外，企业还可以通过参加国际标准化组织组织的国际会议、研讨会等活动，了解国际标准化的最新动态和趋势，加强国际标准化组织与企业之间的交流与合作，提高企业在国际标准化中的话语权和影响力。

总之，企业通过参与社会团体组织的标准化活动，可以及时了解相关行业信息，提升技术、管理和标准化水平，并能促进企业在社会团体组织中的影响力。企业可以通过选择适合自身的参与方式和内容，发挥标准化活动的最大效益，提高企业在行业中的竞争力和影响力。

### 七、参与国际标准化活动

参与国际标准化活动是企业提高技术、管理和标准化水平的重要途径，也是企业走向国际市场的必要手段。通过参与国际标准化活动，企业可以获得有关国际标准制（修）订信息、技术发展动向，进行国际交流与合作，提高企业技术水平和管理水平，加速推动企业发展。同时，通过参与国际标准起草，企业还可以将技术创新成果纳入国际标准，引导国际技术的发展，使企业科技成果产业化、国际化，提高企业的话语权和国际竞争力。

#### （一）获得相关信息，进行国际交流与合作

企业通过参与国际标准化活动，可以获得有关国际标准制（修）订信息、技术发展动向。企业可以通过国际标准化组织、国际电工委员会和国际电信联盟以及其他国际专业技术组织等国际组织，关注其标准化活动信息。在国际标准化活动中，企业可以与其他国际企业进行交流和合作，促进技术、管理和标准化水平的提高，推动企业走向国际市场，提升企业品牌的全球知名度。

#### （二）了解国际标准化组织和其他国际专业技术组织的工作

企业可以通过关注国际标准化组织、国际电工委员会和国际电信联盟以及其他国际专业技术组织的官方网站、微信公众号等渠道，了解这些组织的工作内容和活动方式。企业还可以参与这些组织举办的研讨会、论坛等活动，深入了解标准化制定的背景和意义，获取更多国际行业内的信息和经验。

#### （三）参与国际标准化活动的方式和内容

根据企业自身情况，可以选择不同的参与方式和内容，以达到最佳的效果。

1. 担任国际标准化组织、国际电工委员会和国际电信联盟以及其他国际专业技术组织管理机构的官员或委员

企业可以通过申请成为国际标准化组织、国际电工委员会和国际电信联盟以及其他国际专业技术组织的官员或委员，直接参与国际标准化活动。作为组织的一员，企业可以对标准化制定、修订等过程进行实时监管，参与重大决策的制定和实施，以更好地维护企业的利益。

2. 承担国际标准化组织、国际电工委员会和国际电信联盟以及国际专业技术组织技术委员会和分委员会的主席和秘书等职位

企业可以承担国际标准化组织、国际电工委员会和国际电信联盟以及其他国际专业技术组织技术委员会和分委员会的主席和秘书等职位，直接参与国际标准制定和修订的工作。通过主持国际标准制定和修订工作，企业可以将自身技术创新成果纳入国际标准，促进技术的发展和推广，提升企业的影响力和声誉。

3. 主持或参加国际标准制（修）订工作，担任工作组的负责人或注册专家

企业可以担任工作组的负责人或注册专家，对标准制定和修订的过程进行控制和监督，以确保标准的制定和修订符合企业的需求和利益，促进企业更好地发展。

4. 提出国际标准新工作领域提案和国际标准新工作项目提案

企业可以提出国际标准新工作领域提案和国际标准新工作项目提案，探索和引领新的标准化工作领域和方向，推动国际标准化的发展。企业可以针对自身行业和技术领域的发展趋势和瓶颈，提出创新性的标准化工作领域和项目提案，促进行业的发展和进步。

5. 跟踪研究国际标准化组织、国际电工委员会和国际电信联盟以及其他国际专业技术组织的工作文件，提出投票或评议意见

企业可以跟踪研究国际标准化组织、国际电工委员会和国际电信联盟以及其他国际专业技术组织的工作文件，包括标准制定和修订的草案、工作报告、研究成果等，及时掌握国际标准化的发展动态和趋势。同时，企业还可以提出投票或评议意见，参与决策和制定过程，为标准的制定和修订提供有益建议和参考。

6. 参加或承办国际标准化组织、国际电工委员会和国际电信联盟以及其他国际专业技术组织技术委员会的会议

企业可以积极成员或观察成员的身份参加国际标准化组织、国际电工委员会和国际电信联盟以及其他国际专业技术组织技术委员会的会议，了解标准化的制定和修订进展情况，与国际同行进行交流和互动，分享经验和信息，推动共同发展。

7. 参加和组织国际标准化研讨会和论坛等活动

企业可以参加和组织国际标准化研讨会和论坛等活动，与国际同行共同探讨标准化工作和技术发展的前沿和热点问题，分享企业的成功经验和技术创新成果，提升企业在国际标准化领域的影响力和知名度。

8. 开展与各区域、各国的国际标准化合作与交流

企业可以开展与各区域、各国的国际标准化合作与交流，加强与国际同行间的联系和合作，探索共同感兴趣的标准化工作领域和项目，促进国际标准化的交流和合作，推动企业技术和管理水平的提升，提高企业的国际竞争力。具体而言，企业可以通过参加国际标准化组织、国际电工委员会和国际电信联盟以及其他国际专业技术组织举办的研讨会、论坛等活动，与各国的企业和组织展开交流，探讨标准化工作和技术发展的共性问题和面临的挑战，共同探索新的合作机会，拓宽合作领域。此外，企业还可以通过组织或参加国际标准化的合作项目，加强与国际同行间的联系和合作，推动标准化工作的发展和进步。

## 第六节　评价与改进

评价与改进是企业建立和实施标准化体系的重要环节，通过对标准化工作的全面评价和持续改进，不断提高企业的标准化水平和市场竞争力。在评价和改进过程中，企业可以采用自我评价或第三方评价的方式，并按照相关标准的规定进行评价和改进。同时，也可以将改进的内容、措施和方法等制定成标准，纳入标准体系中进行固化和持续实施。过程如图5所示。

# 第二章 标准化工作的主要内容

```
制定自我评价方案 ⇒ 开展第三方评价 ⇒ 改进与持续实施

┌─────────────────────────────────────────────────────┐
│  ┌──────────────────────┐  ┌──────────────────────┐ │
│  │ GB/T 15496、GB/T 15497、│  │ GB/T 24421.1、GB/T 24421.2、│ │
│  │ GB/T 15498、GB/T 19273 │  │    GB/T 24421.4      │ │
│  └──────────────────────┘  └──────────────────────┘ │
│                  评价与改进具体方法                    │
└─────────────────────────────────────────────────────┘
```

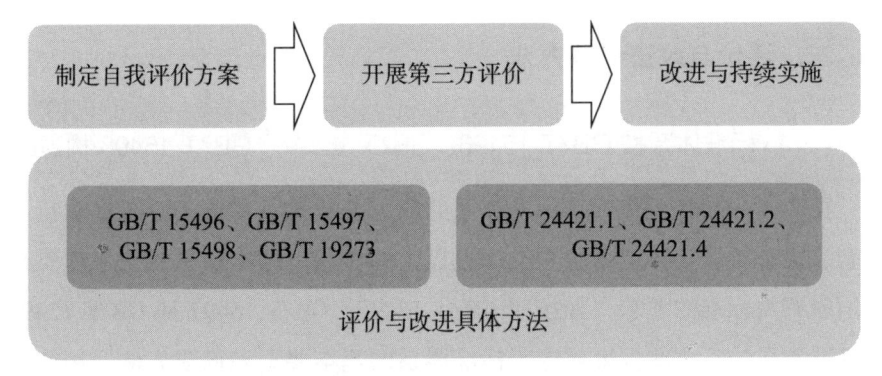

图5 评价与改进过程

## 一、制定自我评价方案

企业制定自我评价方案是为了评估自身标准化工作的成效和存在的问题，并在此基础上作出改进措施，持续改进标准化工作。其中，企业标准体系和标准化工作是评价方案的重要内容。

首先，评价方案需要明确评价范围。企业标准体系的评价范围通常包括标准化制度、标准编制、标准实施、标准宣传等方面。标准化工作的评价范围则包括标准制定、标准实施、标准宣传、标准推广等方面。

其次，评价方案需要明确评价程序与方法。评价程序一般包括制定评价计划、实施评价、分析评价结果和确定改进措施等环节。评价方法则包括定性评价和定量评价两种方式，其中定性评价通常采用问卷调查、专家评审等方式，定量评价则采用统计分析等方法。

再次，评价方案需要确定责任部门。评价工作需要有专门的部门或人员负责，负责评价计划的制订、评价程序的实施、评价结果的分析以及改进措施的确定和实施等工作，以确保评价的客观性、公正性和专业性。

最后，评价方案需要明确评价周期。评价周期通常根据企业实际情况和标准化工作的需要进行确定，一般为一年或两年。

总之，制定自我评价方案是企业开展标准化工作的重要环节，通过评价方案的制定和实施，企业可以全面了解自身标准化工作的状况，确定今后努力的方向和整改措施，进一步提高标准化工作的水平和质量。

## 二、评价与改进具体方法

（一）标准体系按 GB/T 15496、GB/T 15497、GB/T 15498 构建的

在企业标准化工作中，标准体系的建立是非常重要的，对于推动技术创新、提升行业整体技术水平发挥着极大的作用。标准体系的构建需要符合国家有关标准的要求，如按照 GB/T 15496、GB/T 15497 和 GB/T 15498 等标准构建的。这些标准规定了标准体系的基本要素和构建方法，例如标准体系应包含哪些要素，如何进行文件编制和管理，以及如何实施标准化活动等。

而关于企业标准化工作的评价与改进，以上标准构建的标准体系则应采用 GB/T 19273 标准。该标准规定了企业标准体系的评价原则与依据、基本要求、策划、实施、结果与管理以及改进要求。根据 GB/T 19273 标准，企业标准化工作的评价内容主要根据形成的评价方案或评价计划任务书开展，采用评分的方式进行评价，并将得分划分为不同等级。

同时，该标准也明确了企业标准化工作评价的程序，包括评价前的准备工作、评价的实施、评价结果的报告和证书的颁发等。对于评价结果的管理，该标准也提出了复核、申诉与投诉、证书与标志以及监督等方面的要求，以确保评价结果的准确性和可信度。

综上所述，GB/T 15496、GB/T 15497、GB/T 15498 和 GB/T 19273 这些标准都是企业标准化工作中非常重要的参考依据，它们规范了企业标准化工作的各个方面，从标准体系的构建到评价与改进、从评价程序到评价结果的管理等方面，都提出了详细的要求和方法。因此，企业应该充分了解并遵循这些标准，不断提升自身的标准化水平和效果。

（二）标准体系按 GB/T 24421.1、GB/T 24421.2 和 GB/T 24421.4 构建的

GB/T 24421.1、GB/T 24421.2 和 GB/T 24421.4 是三个相关的标准，它们是服务业组织标准化工作指南的重要组成部分。其中，GB/T 24421.1 规定了服务业组织标准化工作的术语和定义、基本原则、任务和内容、管

理要求。GB/T 24421.2 则规定了服务业组织标准化工作的术语和定义，总体结构与要求，以及服务通用基础标准体系、服务保障标准体系、服务提供标准体系的构成与要求。而 GB/T 24421.4 则给出了服务业组织标准实施、标准实施评价及标准体系评价的要求。

综合这三个标准的内容，可以看出标准体系的构建和评价与改进是一个不断循环的过程。首先，GB/T 24421.1 为标准化工作的开展提供了整体框架和指导方向。其次，GB/T 24421.2 进一步规定各子体系的建设要求，综合帮助服务业组织建立了符合标准化要求的标准体系。最后，GB/T 24421.4 通过对标准实施和标准体系的评价，帮助服务业组织发现问题并进行改进，从而不断提高标准化工作的水平。

具体来说，此标准体系的构建需要服务业组织根据自身的实际情况，结合标准的要求和适用性，选择适合自己的标准，并按照 GB/T 24421.1 和 GB/T 24421.2 的规定进行构建。标准体系评价的主要目的是评估标准体系的有效性和实施效果，以便服务业组织能够及时发现问题并进行改进。GB/T 24421.4 规定了标准实施评价和标准体系评价的具体要求，涉及了评价准备、评价内容、评价报告等方面的要求。其中，标准实施评价主要涉及符合性评价和实施效果评价，旨在确认标准实施过程中各个环节是否达到标准的要求，并评估标准实施效果。而标准体系评价则主要包括标准体系文件的审核、标准体系运行情况的评估、标准体系改进的建议等方面的内容。

在标准化工作中，标准实施和标准体系的评价是一个重要的环节，它们能够有效地促进服务业组织的持续改进和提高工作质量，可以帮助服务业组织发现问题、改进标准实施和标准体系，进一步提高工作效率和服务质量。另外，标准化工作的成功实施还需要标准化组织的全面配合和支持，包括标准化人员的培训、标准化文件的管理、标准化实施的推广等方面。这些都需要服务业组织充分重视，加强标准化工作的管理和推进。

总的来说，GB/T 24421.1、GB/T 24421.2 和 GB/T 24421.4 三个标准共同构建了服务业组织标准化工作的基本框架和实施体系，为服务业组织提供了明确的指导和支持。服务业组织需要根据自身的实际情况，结合标准的要求和适用性，选择适合自己的标准，并按照标准要求进行构建和实施。标准实施和标准体系的评价则能够帮助服务业组织不断改进和提高工作水平，实现持续发展和提高竞争力的目标。

### 三、开展第三方评价

在企业开展自我评价的同时，也可以申请第三方评价机构进行评价，以获得更客观、权威的评价结果。第三方评价机构可以是符合国家标准的认证机构，也可以是行业协会、专业机构等，其评价结果更具有公信力和权威性，可以有效提高企业在市场上的信誉度和竞争力。

第三方评价的申请程序一般包括以下步骤。

1. 选择第三方评价机构

企业可以根据自身需要选择合适的第三方评价机构进行评价，选择时应注意机构的认可度和专业性。

2. 确定评价范围和周期

企业需要明确评价的范围和周期，以及评价的目的和标准。

3. 签署协议

企业应与第三方评价机构签署评价合同，明确评价内容、程序和费用等事宜。

4. 进行评价

第三方评价机构按照评价合同约定的程序和方法，对企业进行评价。

5. 生成评价报告

第三方评价机构根据评价结果，生成评价报告，并将评价报告交付给企业。

6. 建议改进措施

评价报告中一般会提出对企业的改进意见和建议，企业可以根据自身实际情况进行改进和提升，不断提高自身的标准化工作水平。

企业进行第三方评价时需要注意，评价机构应该具备资质认证，评价过程应该客观、公正、独立、保密。同时，企业应该积极配合第三方评价机构开展评价工作，提供真实的资料和信息，确保评价结果的准确性和可靠性。

## 四、改进与持续实施

在企业标准化工作中，改进是一个持续不断的过程，需要定期对工作进行检查和评估，以达到预期效果。在评价完毕后，需要对评价结果进行分析，识别存在的问题和改进的方向，并采取相应的措施加以改进。改进的内容、措施和方法应该具体、可行，经过科学的论证和验证，以确保改进效果的显著性和可持续性。

改进的内容可以是标准化工作中发现的问题和不足，也可以是企业内部发现的问题和不足。对于前者，可以制定（修订）相应的标准，以规范企业标准化工作中的相关活动；对于后者，可以采取一系列措施，比如制定内部管理规章制度、加强培训教育、落实责任制等，以促进企业标准化工作的不断完善和提高。

改进的措施和方法应该根据具体问题具体分析，以确保改进的效果和可行性。比如，对于流程不规范的问题，可以制定（修订）相应的流程标准；对于技术难题的问题，可以加强技术研发和技术培训；对于员工素质不高的问题，可以加强员工培训和素质提升等。此外，企业在改进的过程中还需要注重过程管理，确保改进过程的有效性、可追溯性和持续性。

对于改进的结果应该总结经验及时固化，并持续实施。可以将改进结果制定成标准、规范、流程等文档，并纳入企业标准体系中。此外，企业应该注重对改进结果的跟踪和监控，以确保改进效果的有效性和可持续性。

# 第三章　标准化创新

没有创新，就不可能有合理的，尤其是有效的管理。

————阿法纳西耶夫

在当今竞争日益激烈的市场中，企业要想在行业中脱颖而出，除了拥有优质的产品和服务外，还需要具备创新能力。而标准化创新则是企业创新的重要组成部分之一，通过引入标准化的方法和工具，能够提高企业的技术水平和管理水平，从而推动企业的持续发展。

在这一章中，我们将深入探讨标准化创新的重要性和优势，介绍标准化创新的基本概念和方法，并结合实际案例，分享企业如何通过标准化创新来提升自身的核心竞争力。同时，我们还将探讨标准化创新在不同行业和领域的应用情况，帮助读者了解标准化创新的全貌和未来的发展趋势。在阅读本章之前，建议读者先了解企业标准化建设的基本概念和要素，以便更好地理解和应用标准化创新的相关内容。本章将为您提供一份全面而深入的标准化创新指南，帮助您在企业的实际应用中获得成功。

## 第一节 标准化创新的含义

标准化创新是指通过引入创新理念和方法，针对特定的环境和社会需求，改进或创造新的解决方案，以满足不断变化的市场需求和技术发展趋势。开展标准化创新可以有效提高产品质量、技术水平和市场竞争力，同时也有助于企业可持续发展，成为行业领袖。下面将从标准化创新的目的、过程、形式和所需的支持四个方面进行具体阐述。

### 一、标准化创新的目的

标准化创新是指以标准化为手段和基础，采用创新的思维和方法，开展标准化研究和标准制定，实现技术和管理的创新。其目的在于推动技术创新和管理创新，提高企业和产业的核心竞争力，促进经济发展和社会进步。

标准化创新通过制定和推广具有先进性、前瞻性和代表性的标准，可以促进技术和管理的进步，推动科技成果的转化和应用，提高产品质量和服务水平，以及企业的市场竞争力和社会认可度。同时，标准化创新还可以促进行业和市场的规范化和标准化，提高经济运行的效率和效益，推动产业升级和转型。

总之，标准化创新是推动技术和管理创新的有效手段和重要途径，具有重要的经济、社会和战略意义。

### 二、标准化创新的过程

标准化创新是一个系统性的过程，需要从多个层面开展创新活动。以下是开展标准化创新的过程。

1. 创新意识的形成

标准化创新的起点和基础是创新意识。企业需要通过对行业发展、市场需求等方面的深入了解，认识到标准化工作的重要性和必要性，培养员工的创新意识和创新思维。创新意识的形成需要企业高层领导的支持和引导，可以通过组织培训、建立激励机制等方式使员工参与进来，以达到激发员工潜力、提高工作能力的目的。

2. 创新策略的制定

企业需要针对自身的发展需求和市场竞争状况，制定符合实际的创新策略。创新策略包括创新的方向、重点、资源投入、时间计划等内容。同时，企业需要建立标准化创新的组织架构和运行机制，明确各部门职责，制定创新流程和管理规范。

3. 创新项目的确定

企业需要根据自身实际情况和市场需求，选择适合自身的标准化创新项目。创新项目需要具有市场前瞻性和技术可行性，能够满足行业和企业的实际需求。在确定创新项目时，企业需要充分调研市场需求、技术研发、标准制定等方面的信息，从而制定出科学的创新方案。

4. 创新实施的过程

标准化创新的实施需要充分考虑创新内容、创新方法和创新推广等方面的因素。在实施过程中，企业需要通过开展技术攻关、标准研制、标准试点、标准推广等一系列活动，不断完善创新项目，提高创新质量和效率。企业还需要建立标准化创新的质量控制和风险管理机制，及时发现和解决问题，确保创新项目的顺利实施。

5. 创新效果的评估和总结

企业需要对标准化创新的效果进行评估和总结。评估需要从多个方面考虑，包括技术创新、市场应用、社会效益、经济效益等。通过评估，企业可以了解标准化创新的实际效果，了解存在的问题和不足，为下一步创新提供参考和借鉴。同时，企业需要总结标准化创新的经验和教训，例如建立知识库和文档，以便未来的推广和复制。

除了以上层面的创新活动外，标准化创新还需要考虑体制机制层面的因素。企业需要建立标准化创新的组织体系和运行机制，建立创新项目的跟踪管理机制和评估机制，推行创新成果的宣传和推广机制，建立标准化创新的激励机制和保障机制。只有在各个层面的协调配合下，标准化创新才能取得预期的效果和成果。

**示例：**

D公司成立标准化研究院，以提高标准化创新研究和技术创新的能力。该研究院由企业内部专家和外部专家共同组成，可以开展标准化创新的前沿研究、标准化战略规划、标准化技术研究等多方面的研究工作。

例如，该研究院可以开展针对行业发展趋势和市场需求的调研，了解标准化创新的前沿技术和趋势，制定企业的标准化创新战略和规划。同时，研究院还可以开展标准化技术研究，解决标准化制定中的技术难点和瓶颈，提高标准的质量和适用性。

此外，该研究院还可以开展标准化人才培养和团队建设，培养标准化创新的人才和专业团队，提高企业的标准化创新能力和竞争力。通过研究机制的建立和运行，可以提高企业的技术创新能力，推动标准化工作的创新和发展。

### 三、标准化创新的形式

标准化创新是在标准制定的过程中开展具有新意、新方法、新技术等方面的创新活动。在创新过程中，标准化创新的形式是一个非常重要的因素，它涉及创新内容、方法、研究、管理、机制等多方面的问题。以下是对标准化创新形式的详细讲解。

1. 创新内容的形式

创新内容是标准化创新的核心，创新内容的形式包括技术、产品、服务、管理、流程等。其中，技术创新是标准化创新的重要内容之一，它涉及新材料、新工艺、新设备、新技术等方面的创新内容。同时，产品和服务创新也是标准化创新的重要形式之一，它可以帮助企业满足客户需求、提高产品质量和服务水平，从而获得更多的市场份额和竞争优势。

2. 创新方法的形式

标准化创新需要采用合适的创新方法，创新方法的形式主要包括设计思维、敏捷方法、协同创新三种。其中，设计思维是一种以人为本、以需求为导向的创新方法，它可以帮助企业更好地理解客户需求、发掘工作中的问题和机遇，从而提出更具前瞻性和可操作性的创新方案。敏捷方法是一种快速迭代的创新方法，它可以帮助企业快速响应市场需求、降低产品研发成本和风险。协同创新是一种集思广益的创新方法，它可以集聚多方资源、整合优势资源，从而形成更具创新力的团队和项目。

3. 创新研究的形式

创新研究是标准化创新的重要环节，其形式包括需求研究、技术研究、市场研究三种。其中，需求研究是创新研究的重要内容之一，它可以帮助企业更好地理解市场需求、发掘客户需求，从而提出更具前瞻性和可操作性的创新方案。技术研究是创新研究的核心内容之一，它涉及新材料、新工艺、新设备、新技术等方面的研究内容。市场研究是创新研究的另一个重要内容，它可以帮助企业了解市场的发展趋势、竞争对手的情况以及潜在客户的需求，从而制定出更有针对性和实效性的创新策略。除这些形式外，创新研究还涉及专利研究、标准研究等方面，以保证创新内容的原创性和先进性。

### 四、标准化创新需要的支持

标准化创新是企业进行创新的一种重要方式，旨在通过标准化的制定过程，开展具有新意、新方法、新技术等方面的创新活动，从而提高企业的技术创新能力和市场竞争力。然而，标准化创新的实施需要得到多方面的支持，包括技术支持、资金支持、人才支持、政策支持、环境支持、知识支持、合作支持和信息支持八项内容，这些支持共同构成了推动标准化创新发展的强大合力，以确保其能够顺利进行。

第一，技术支持是标准化创新的基础和关键。标准化创新需要得到技术方面的支持，包括技术研发、技术转移等。技术研发是标准化创新的核心，企业需要不断提升自身的研发能力，掌握前沿技术，以支撑标准化创新的实施。同时，技术转移也是开展标准化创新的重要途径之一，企业可以通过引进外部技术、合作开发等方式获得技术支持。

第二，资金支持也是标准化创新的重要保障。标准化创新需要大量的资金支持，用于研发投入、人员培训、市场推广等方面。因此企业需要有足够的资金储备，以保障标准化创新项目的实施和推进。同时，政府也可以通过财政扶持、投资基金等方式向企业提供资金支持，鼓励企业进行标准化创新。

第三，人才支持是标准化创新的重要组成部分。标准化创新需要具备相应的人才支持，包括研发人员、市场营销人员、管理人员等。企业需要拥有一支高素质、专业化的人才队伍，以保障标准化创新项目的顺利实施和运营。同时，政府和高校也可以通过人才培养、引进等方式助力企业发展，为企业的标准化创新提供人才保障。

第四，政策支持也是标准化创新中不可或缺的一部分。政府可以通过制定税收、财政、金融等政策，鼓励企业进行标准化创新，并提供相应的扶持和奖励。同时，政府还可以通过标准制定、行业规范等方式引导企业进行标准化创新。

第五，环境支持也是标准化创新的重要组成部分。标准化创新需要得到良好的环境支持，包括市场环境、法律环境和社会环境等方面。市场环境需要有足够的需求和市场空间，以便企业推广和营销其标准化产品和服务。法律环境需要有完善的知识产权保护、合同法规等，以确保企业的创新成果得到充分的保护和认可。社会环境需要具备包容创新、鼓励创新的氛围和文化，以激发企业的创新热情和潜力。

第六，知识支持也是标准化创新的重要组成部分。企业要想在竞争激烈的市场中立足，需要拥有足够的知识储备，包括技术知识、市场知识、标准知识等多个方面，以全方位保障标准化创新项目的实施和运营。企业可以通过专利申请、技术咨询等方式获得外部的知识支持，进一步推动标准化创新的实施和发展。

第七，合作支持也是标准化创新的重要组成部分。企业可以通过与其他企业、高校、科研机构等合作开展标准化创新，共享资源和知识，避免重复劳动和资源浪费，提高创新效率和质量。合作还可以提升企业的市场影响力和竞争力，促进标准化创新的推广和落地。

第八，信息支持也是标准化创新的重要保障。企业需要及时掌握行业动态、市场趋势、标准变化等信息，以为标准化创新提供指导和支持。信息支持可以通过市场调研、专业媒体、行业协会等方式获得，进一步提高企业的标准化创新能力和竞争力。

综上所述，开展标准化创新需要多方面的支持，企业需要积极寻求和整合各方面的资源，以确保标准化创新的实施和发展。

## 第二节　标准化创新的重要性

标准化创新是企业进行创新的一种重要方式，具有提高企业竞争力、促进技术创新和产业升级、加强产品质量管理和安全保障、推动市场需求的变革和创新、改善标准化环境和产业生态、促进国际交流与合作、促进可持续发展和社会进步等多方面的重要意义。主要表现在以下七个方面。

第一，标准化创新可以提高企业竞争力。

在标准化制定过程中，企业可以开展具有新意、新方法、新技术等方面的创新活动，不断提升自身的技术水平和产品质量，以适应市场的变化和顾客的需求，从而提高企业的市场竞争力和盈利能力。

第二，标准化创新可以促进技术创新和产业升级。

标准化创新可以促进新技术的研发和应用，推动产业的升级和转型，是实现技术进步和经济发展的良性循环。

第三，标准化创新可以加强产品质量管理和安全保障。

标准化制定可以明确产品的质量要求和安全标准，促进企业提升产品质量，降低产品安全事故的风险，提升消费者的满意度以及企业的品牌形象和口碑。

第四，标准化创新可以推动市场需求的变革和创新。

标准化创新可以帮助企业更好地了解市场和消费者的需求，提出更具前瞻性和可操作性的创新方案，推动市场需求的变革和创新，创造更多的市场机会和经济效益。

第五，标准化创新可以改善标准化环境和产业生态。

标准化创新可以推动标准的升级和优化，促进标准化环境的改善，提高标准的适应性和可操作性，为产业的健康发展提供良好的支持和保障。

第六，标准化创新可以促进国际交流与合作。

标准化创新可以促进国际标准的协调和合作，提高企业的国际化水平和竞争力，加强国际贸易和技术交流，促进各国的共同发展和繁荣。

第七，标准化创新还可以促进可持续发展和社会进步。

标准化创新可以推动环保技术、节能减排技术的研发和应用，有利于实现可持续发展。此外，标准化创新还可以推动医疗、健康、教育等领域的创新，为社会进步做出贡献。

综上所述，标准化创新不仅带动了企业的发展进步，还能够促进国际贸易，推动科技创新。因此，企业应该重视标准化创新，在实践中积极推进标准化创新的实施和发展。

## 第三节 开展标准化创新

在当前全球化和竞争激烈的市场环境下，标准化创新成为企业提升竞争力和实现可持续发展的一种重要方式。然而，开展标准化创新并非易事，需要企业具备创新意识、技术能力和市场洞察力，并且需要得到多方面的支持。因此，本章将介绍如何开展标准化创新，包括确定创新方向、制订创新计划、组织实施创新项目等方面的内容。通过本部分的学习，希望能够帮助企业更好地开展标准化创新，提高企业竞争力和市场占有率。标准化主要创新路径如图6所示。

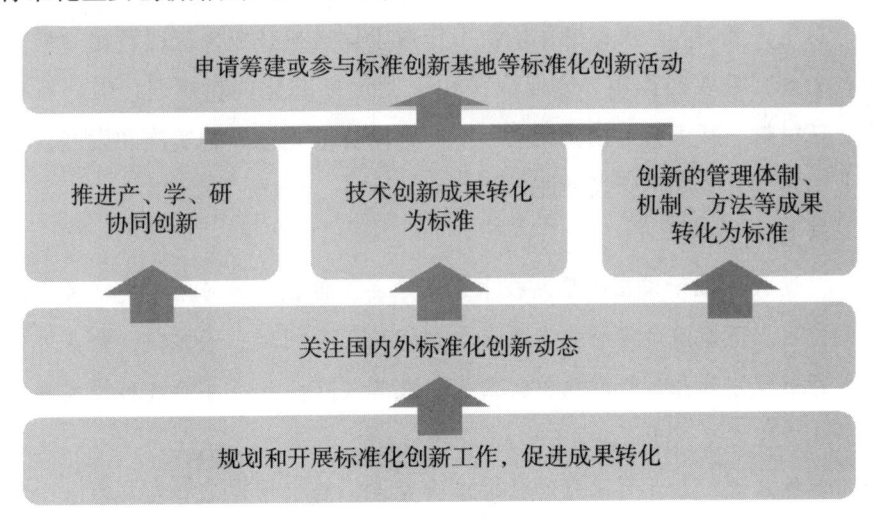

```
┌─────────────────────────────────────────────────┐
│   申请筹建或参与标准创新基地等标准化创新活动       │
└─────────────────────────────────────────────────┘
                       ↑
┌──────────────┐ ┌──────────────┐ ┌──────────────┐
│ 推进产、学、研│ │ 技术创新成果转化│ │ 创新的管理体制、│
│ 协同创新      │ │ 为标准         │ │ 机制、方法等成果│
│              │ │              │ │ 转化为标准     │
└──────────────┘ └──────────────┘ └──────────────┘
        ↑              ↑                  ↑
┌─────────────────────────────────────────────────┐
│          关注国内外标准化创新动态                │
└─────────────────────────────────────────────────┘
                       ↑
┌─────────────────────────────────────────────────┐
│     规划和开展标准化创新工作，促进成果转化        │
└─────────────────────────────────────────────────┘
```

图6　标准化主要创新路径图

### 一、规划和开展标准化创新工作，促进成果转化

规划和开展标准化创新工作对于促进科技成果快速转化为现实生产力具有重要的作用。

首先，规划和开展标准化创新工作可以帮助企业将科技成果转化为实际生产力。标准化创新可以提高企业的技术创新能力和市场竞争力，从而使企业更快地将科技成果转化为实际生产力，实现工作效率最大化。通过

### 企业标准化建设

制定标准和规范，企业可以更好地利用科技成果，提高产品质量，做好安全保障，加快新产品的研发和推广。

其次，规划和开展标准化创新工作可以促进科技成果的产业化和商业化。标准化创新可以将科技成果转化为产业发展的核心竞争力，推动技术的商业化应用。通过制定行业标准和规范，企业可以更好地发挥科技成果的商业价值，推动产业升级和转型发展。

最后，规划和开展标准化创新工作可以提高企业的核心竞争力和市场地位。标准化创新可以帮助企业拓展新的市场领域，提高企业的市场竞争力。通过制定行业标准和规范，可以帮助企业提升自身产品的质量和安全性，促进创新和竞争，最终提高企业的市场地位和品牌形象。

总之，规划和开展标准化创新工作对于促进科技成果快速转化为现实生产力具有重要的作用。企业应该积极制定标准化创新规划，引入新技术、新材料、新工艺等创新元素，不断推动标准化创新的实施和发展，为企业的转型升级和创新发展注入新的动力。

**示例：**

假设 A 企业研发出一项新技术或新产品，但在实际应用中发现其难以顺利使用，不能满足市场需求或存在技术缺陷等问题。这时候，企业可以考虑通过规划和开展标准化创新工作，来解决这些问题并促进科技成果快速转化为现实生产力。

具体来说，企业可以先进行需求研究，了解市场需求和客户需求，从而有针对性地开展技术研究和产品设计。在技术研究方面，企业可以寻求技术支持，如引进外部技术、与高校和科研机构合作等方式，掌握前沿技术，解决技术难题，同时也可以在标准制定方面积极参与，推动行业标准的制定和完善，为自身技术创新提供保障。

在产品设计方面，企业可以借助市场研究和标准化框架，确定产品性能指标和质量要求，制定产品标准，加强产品质量管理和安全保障，从而提高产品质量和竞争力。此外，企业也可以通过人才引进和培养、技术转移等方式，不断提升自身的研发和创新能力，快速将科技成果转化为现实生产力。

总之，规划和开展标准化创新工作，可以帮助企业更好地理解市场需求和客户需求，优化产品设计和技术研发，提高产品质量和安全保障水平，从而促进科技成果快速转化为现实生产力，提高企业的竞争力和市场地位。

## 二、推进产、学、研协同创新

在标准化创新的过程中，企业可以发挥其在技术、资金、人才等方面的优势，通过与高校、研究机构等进行产、学、研协同创新，推动科技成果快速转化为现实生产力，促进企业的技术创新和产业升级。

首先，技术方面的协同创新是标准化创新的核心和基础。企业可以通过与高校、研究机构等合作，开展技术研发和转移，共同攻克关键技术难题，提高技术水平，推动科技成果的快速转化。例如，企业可以与高校合作开展联合实验室、技术研究项目等，共同探索新的技术方向和创新点，提高研发效率和成果转化率。

其次，资金方面的协同创新也是标准化创新的重要组成部分。企业可以通过与投资机构、银行合作、寻求政府支持等方式获得资金支持，推进标准化创新项目的实施和推广。例如，企业可以与投资机构合作设立创新基金，为标准化创新项目提供资金支持和风险投资。

最后，人才方面的协同创新也是标准化创新不可或缺的一部分。企业可以通过与高校、研究机构等合作，共同培养和引进优秀的人才，建立人才共享机制，提高人才队伍的素质和专业化水平。例如，企业可以与高校合作开展产、学、研联合培养、双向挂职等项目，共同培养具有创新精神和实践能力的高素质人才，共同推进标准化创新的实施和发展。

综上所述，通过发挥企业的技术、资金、人才等作用，推进产、学、研协同创新，可以有效促进标准化创新的实施和发展，提高企业的技术创新能力和市场竞争力，推动产业升级和可持续发展。

**示例：**

一家制造业企业 D 在推进标准化创新过程中，决定与高校和研究机构合作开展产、学、研，以下是概要步骤。

（a）技术研发阶段。企业 D 可以与高校、研究机构合作，共同开展技术研发项目，如新产品研发或现有产品的技术升级。企业可以提供资金支持和实验室等硬件设施，高校和研究机构则提供技术支持和人才支持。通过联合研发，可以帮助企业提高研发效率和成果转化率，实现技术创新和产业升级。

（b）技术转移阶段。在技术研发完成后，企业 D 需要将研发成果转化为实际产品和服务，进入市场推广阶段。此时，企业可以与高校、研究机构合作开展技术转移项目，如联合开展产品试制和测试、生产线优化和改进等。企业可以利用高校和研究机构的技术优势，实现技术的快速转移和产业化。

（c）人才培养阶段。企业 D 可以与高校、研究机构合作开展人才培养项目，如联合开展人才培训、校企合作招聘、产学研双向挂职等。通过共同培养和引进优秀的人才，可以提高企业人才队伍的素质和专业化水平，为标准化创新提供人才保障。

通过以上的合作，企业 D 可以将技术、资金、人才等方面的优势发挥到极致，促进产、学、研协同创新，提高企业的技术创新能力和市场竞争力，推动产业升级和可持续发展。

### 三、技术创新成果转化为标准

将研发的专利、新技术等技术创新成果及时转化为标准，是标准化创新的一个重要环节。标准化是一个复杂的过程，需要经过不断地协商和磋商，包括技术、经济、法律等多个方面。

一方面，将研发成果转化为标准可以有效指导企业的生产和管理。企业在生产和管理中，常常面临着技术选择、规范标准等问题，如果缺乏标准的指导和支持，就难以做出正确的决策。通过将研发成果转化为标准，可以为企业提供技术支持和指导，帮助企业规范生产和管理流程，提高生产效率和产品质量。

另一方面，将研发成果转化为标准也有助于加强对企业知识产权的保护，优化营商环境。知识产权是创新的保护和促进创新的重要手段，但是

## 第三章 标准化创新

在实践中，知识产权的保护常常面临着诸多挑战。通过将研发成果转化为标准，不仅可以规范技术的应用和使用，还可以加强对知识产权的保护，避免技术被侵权和滥用。

针对将研发成果转化为标准这个问题，企业可采取以下措施。

首先，建立标准化研发团队，专门负责标准化研究和标准制定工作。这个团队需要拥有专业的技术背景和标准制定的经验，能够从技术、经济、法律等多个方面全面考虑标准化的问题。

其次，建立标准化研发流程，确保标准化的研发、制定和发布具有规范性和可操作性。这个流程需要经过多轮讨论和修订，确保标准的制定符合实际需求和市场需求。

最后，加强知识产权的保护。企业在标准化创新过程中，需要严格遵守知识产权法律法规，保护自身的知识产权，避免技术被滥用和侵犯。

综上所述，将研发的成果及时转化为标准是标准化创新的重要环节，有助于指导企业的生产和管理，加强知识产权的保护，促进技术创新的进一步发展，提高企业的技术创新能力和市场竞争力。

**示例：**

一个非常具有代表性的例子就是中国移动的 TD-SCDMA 标准。TD-SCDMA 是一种 3G 移动通信技术，由中国移动领导的联合团队在 20 世纪 90 年代中期开始研究，最终在 2001 年成为了国际电信联盟（ITU）批准的全球 3G 标准之一。

在 TD-SCDMA 标准的制定过程中，大唐电信等企业掌握了关键技术，在移动运营商的支持下，组织了众多企业和研究机构共同参与标准化的研发和制定，最终成功将自主研发的技术成果转化为国际通行的标准。

通过将 TD-SCDMA 技术成果转化为标准，不仅有效指导了国内移动通信技术的发展，还带动了相关产业的发展，促进了我国移动通信产业的升级和发展。

除了 TD-SCDMA，国内的 5G 移动通信技术也是一个非常具有代表性的例子。在 5G 标准制定过程中，中国企业积极参与国际标准化组织的工作，推动自主研发的 5G 技术成果成为国际通行的标准。例如，华为、中兴等企业在 5G 标准的制定中发挥了重要的作用，推动了 5G 技术的快速发展和应用。

这些例子表明，通过将自主研发的技术创新成果转化为标准，可以有效促进企业的技术创新和产业升级，提升我国在相关领域的国际地位和竞争力。

## 四、创新的管理体制、机制、方法等成果转化为标准

将企业标准化工作中创新的管理体制、机制、方法等成果转化为标准，是标准化创新的重要环节。这种转化不仅可以帮助企业提升经营管理水平，还可以促进企业的可持续发展。在标准化创新的过程中，企业可以根据自身的需求和实际情况，创新管理体制、机制、方法等方面，通过将这些创新成果转化为标准，对企业未来的发展大有裨益。具体来说，这种转化可以带来以下几个方面的好处。

首先，转化可以提升企业的经营管理水平。标准化是企业管理的重要手段之一，通过将创新的管理体制、机制、方法等成果转化为标准，可以帮助企业建立科学规范的管理体系，提升管理效率和水平。

其次，转化可以促进企业的可持续发展。标准化是企业实现可持续发展的重要途径之一，通过将创新的管理体制、机制、方法等成果转化为标准，可以帮助企业建立可持续发展的理念和体系，实现经济效益、环境效益和社会效益的协调发展。

最后，转化可以促进企业的国际化发展。标准化是国际贸易的重要基础之一，通过将创新的管理体制、机制、方法等成果转化为标准，可以帮助企业更好地适应国际市场的需求，提高产品的质量和竞争力，推动企业的国际化进程。

在实践中，企业可以通过建立标准化创新的专业团队、制定标准化创新的流程和制度、加强标准化创新的知识产权保护等措施，将管理体制、机制、方法等成果转化为标准，促进企业的可持续发展。

## 五、申请筹建或参与标准创新基地等标准化创新活动

企业申请筹建或参与标准创新基地等标准化创新活动,可以帮助企业提升标准化创新能力,加强与高校、研究机构等的合作,推动科技成果的转化,促进企业的技术创新和产业升级。

在标准化创新的过程中,标准创新基地是一个重要的平台,可以为企业提供多方面的支持和服务,包括技术创新、人才培养、资金支持、知识产权保护等方面。通过申请筹建或参与标准创新基地等活动,企业可以获得以下几个方面的好处。

首先,可以加强企业与高校、研究机构等的合作。标准创新基地通常由多个企业、高校、研究机构等共同组建,通过共享资源和信息,可以促进各方之间的合作和交流,提高科研水平和技术创新能力。

其次,可以获得技术创新和转化的支持。标准创新基地通常具备较强的技术创新能力和技术转化能力,通过与标准创新基地合作,企业可以获得技术创新和转化的支持,促进科技成果的转化,实现创新成果的商业化。

最后,可以获得资金支持和知识产权保护等支持。标准创新基地通常会向入驻企业提供一定的资金和知识产权保护等支持,帮助企业解决资金、法律等方面的问题,促进企业的创新和发展。

## 六、关注国际标准化创新动态

关注国际标准化创新动态,是企业进行标准化创新的重要环节。随着经济全球化的不断深入,国际标准化创新越来越成为企业获得竞争优势和提高市场地位的关键手段。企业需要紧密关注国际标准化创新动态,及时了解和掌握标准化创新的最新成果和趋势,指导企业进行创新工作。国际标准化创新动态的关注可从以下两个方面入手。

首先,关注国际标准化创新组织的活动和成果。国际标准化组织是全球标准化工作的核心机构,其发布的国际标准对于企业的全球化发展具有重要的指导作用。企业可以通过关注国际标准化组织的活动和成果,了解

最新的国际标准化趋势和要求，及时调整企业的标准化创新工作。

其次，关注国际标准化创新领域的前沿技术和研究成果。国际标准化创新的发展与前沿技术和研究成果密切相关，企业需要密切关注国际标准化创新领域的前沿技术和研究成果，及时掌握行业发展趋势和新技术的应用。例如，企业可以关注国际标准化创新领域的智能制造、大数据、云计算等新兴技术，及时引进和应用这些技术，带动提高企业的竞争力和市场地位。

在关注国际标准化创新动态的过程中，企业可采取以下措施。

首先，建立国际标准化创新信息收集与分析机制。这个机制需要对国际标准化组织、行业协会等机构发布的标准化创新信息进行全面收集和分析，及时了解国际标准化创新的最新动态和趋势。

其次，建立国际标准化创新研发团队。这个团队需要由具有国际标准化创新经验和技术知识的专业人员组成，能够深入了解和分析国际标准化创新的最新动态和发展趋势，为企业提供科学的指导和支持。

最后，加强国际合作和交流。企业可以通过参加国际标准化创新组织的会议和活动，加强国际合作和交流，与国际标准化创新领域的专家和企业进行沟通和交流，了解国际标准化创新的最新成果和趋势，能为企业的标准化创新工作提供宝贵的经验和启示。

总之，关注国际标准化创新动态是企业进行标准化创新的重要环节，可以帮助企业及时了解和掌握国际标准化创新的最新成果和趋势，指导企业进行创新工作，不断提升企业的竞争力和市场地位。

# 第四章 机构设置、人员要求与信息管理

凡事要讲究方式方法。

——佚名

在标准化工作中，机构设置、人员要求与信息管理是非常重要的环节，直接影响着标准化工作的质量和效果。在机构设置方面，要求企业根据实际情况，合理设置标准化组织机构，明确各部门的职责和任务，并建立科学高效的管理制度，确保标准化工作的顺利开展。同时，还要加强对标准化工作的宣传，增强组织员工的标准化意识，营造良好的标准化氛围。

在人员要求方面，标准化人员需要具备一定的专业知识和技能，熟悉标准化工作流程和标准化管理规范。此外，还需要具备良好的沟通能力、组织协调能力和判断能力，能够有效地组织和推进标准化工作的开展。为此，企业应该制定标准化人员的职责和素质要求，并建立完善的培训机制，以不断提高员工的标准化素质和专业能力。

信息管理是标准化工作中的另一个重要方面，它涉及标准化工作的全过程，包括标准的制定、修订、发布、实施和评价等多个环节。企业应该建立科学的信息管理流程和规范，确保标准化信息的准确性、及时性和可靠性。此外，还要建立完善的标准化信息系统，实现标准化信息的集中管理、共享和交流。

因此，本章将重点介绍机构设置、人员要求和信息管理等方面的内容，旨在为企业和从业人员提供标准化工作的指导和支持，全面提高标准化工作的水平和质量，推动企业高质量发展。

第四章　机构设置、人员要求与信息管理

## 第一节　机构设置

标准化工作需要一个健全的机构设置来确保其有效和高效地进行。在机构设置中，最高管理者应当担负起重要的责任，标准化机构也需要明确其工作职责。同时，各部门和生产单位也应当明确自身在标准化工作中的职责，从而确保标准化工作能够有序地进行。本章节将会从最高管理者、标准化机构以及各部门和生产单位三个方面来详细讨论机构设置的相关内容。如图7所示。

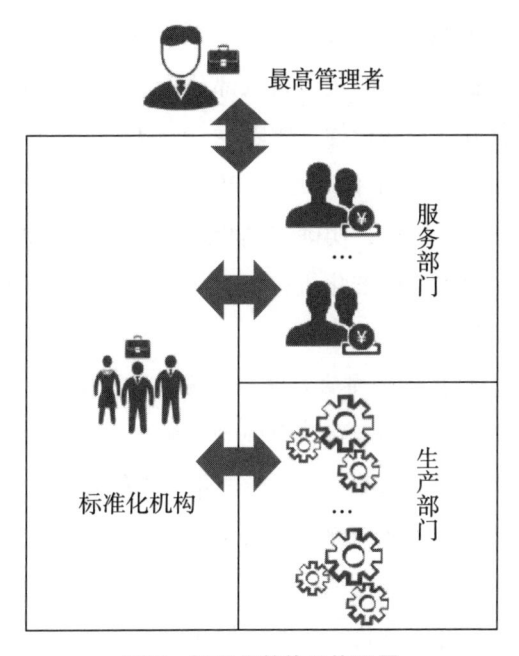

图7　标准化整体机构设置

### 一、最高管理者的职责

最高管理者是企业标准化工作的重要责任人，其在标准化工作中发挥着至关重要的作用。相关职责如图8所示。

## 企业标准化建设

- √ 将标准化工作纳入企业发展战略、经营方针和目标
- √ 明确与其相适应的标准化机构、人员及其职责
- √ 为标准化工作提供必要的经费、设施等资源保障

- ◆ 对企业标准化工作的开展进行督查
- ◆ 建立调动部门和全员参与标准化工作积极性的激励机制
- ◆ 批准或授权批准企业标准和其他标准化文件
- ◆ 执行与自身职务相关的标准

**图8 最高管理者的职责**

图8中，最高管理者的标准化工作具体说明如下。

1. 将标准化工作纳入企业发展战略、经营方针和目标

标准化工作是企业管理的重要组成部分，最高管理者需要将其视为企业发展战略、经营方针和目标的重要内容，予以高度重视。

2. 明确与其相适应的标准化机构、人员及其职责

企业需要根据自身情况，明确与其相适应的标准化机构、人员及其职责。最高管理者需要确保标准化机构、人员的职责明确、权责分明，以保证标准化工作的有效开展。

3. 为标准化工作提供必要的经费、设施等资源保障

标准化工作需要一定的经费、设施等资源支持，最高管理者需要为标准化工作提供必要的资源保障，确保标准化工作的顺利进行。

4. 对企业标准化工作的开展进行督查

最高管理者需要对企业标准化工作的开展进行督查，及时发现和解决存在的问题，全力保障标准化工作的质量和效果。

5. 建立调动部门和全员参与标准化工作积极性的激励机制

最高管理者需要建立调动部门和全员参与标准化工作积极性的激励机制，鼓励和引导全员参与标准化工作，提高员工对标准化工作的积极性和主动性。

6. 批准或授权批准企业标准和其他标准化文件

最高管理者需要批准或授权批准企业标准和其他标准化文件，确保企业标准和其他标准化文件的合法性和有效性。

**7. 执行与自身职务相关的标准**

最高管理者需要执行与自身职务相关的标准，起到标准化工作的表率作用，带动企业标准化工作的开展。

在现代企业中，标准化已经成为企业管理的重要组成部分，对于企业的发展具有重要的意义。因此，最高管理者需要将标准化工作纳入企业管理的重要内容，为标准化工作提供必要的资源支持，制定有效的激励机制，督促企业标准化工作的有效开展，并且自己也要成为标准化工作的执行者，充分发挥表率作用，带领团队向前发展，从而促进企业标准化工作的不断推进和提升。

**示例：**

某公司为了规范企业管理，设立了企业标准化工作的职位，任命 A 先生为企业标准化工作的最高管理者。A 先生的职责包括：

（a）将标准化工作纳入企业发展战略、经营方针和目标。A 先生需要将标准化工作视为企业发展战略、经营方针和目标的重要内容，并将其纳入公司的管理体系。考核指标包括了标准化工作是否与公司的战略和目标一致，标准化工作是否得到充分的管理和协调。

（b）明确与其相适应的标准化机构、人员及其职责。A 先生需要根据公司的情况，明确与其相适应的标准化机构、人员及其职责，并制订标准化工作的工作计划和目标。考核指标包括了标准化机构、人员职责是否明确，标准化工作计划和目标是否得到落实。

（c）为标准化工作提供必要的经费、设施等资源保障。A 先生需要为标准化工作提供必要的经费、设施等资源保障，确保标准化工作的顺利进行。考核指标包括了标准化工作是否得到足够的经费和设施支持，是否能够按时完成工作。

（d）对企业标准化工作的开展进行督查。A 先生需要对企业标准化工作的开展进行督查，及时发现和解决存在的问题，确保标准化工作的质量和效果。考核指标包括了督查频率和内容是否充分，是否能够及时发现和解决问题，标准化工作的质量和效果是否得到提升。

（e）建立调动部门和全员参与标准化工作积极性的激励机制。A 先生

### 企业标准化建设

需要建立调动部门和全员参与标准化工作积极性的激励机制，鼓励和引导全员参与标准化工作，提高标准化工作的积极性和主动性。考核指标包括了是否建立激励机制，激励机制是否得到有效执行，员工参与标准化工作的积极性是否提升。

（f）批准或授权批准企业标准和其他标准化文件。A先生需要批准或授权批准企业标准和其他标准化文件，确保企业标准和其他标准化文件的合法性和有效性。考核指标包括了是否按照标准化程序审批企业标准和其他标准化文件，是否确保企业标准和其他标准文件的合法性和有效性。

（g）执行与自身职务相关的标准。A先生需要执行与自身职务相关的标准，起到标准化工作的表率作用，带动企业标准化工作的开展。考核指标包括了A先生是否能够严格遵守和执行相关标准，是否成为标准化工作的表率和榜样。

总之，作为企业标准化工作的最高管理者，A先生需要对标准化工作进行全面的规划、协调和管理，确保标准化工作的有效实施，并对标准化工作的质量和效果进行全面的监督和检查。同时，他还需要为员工提供必要的培训和支持，不断提升员工的工作能力和综合素质，确保标准化工作得到落实。企业可以根据考核结果对A先生的绩效进行评估，并据此采取相应的激励或惩罚措施，以推动标准化工作的不断改进和提高。

## 二、标准化机构的工作职责

企业标准化机构是负责企业标准化工作的专门机构，其工作涉及企业标准化体系建设、标准制定、标准实施、标准评价和标准宣传等多个方面。在实践中，企业可以设立独立的标准化机构和专职标准化人员，也可以由相关部门和人员兼任。设立专（兼）职标准化机构和人员应根据企业规模、资源、战略需求等实际情况确定。如图9所示。

根据图9，以下是对企业标准化机构工作内容的详细说明：

1. 贯彻落实标准化法律法规、方针政策、强制性标准中与本企业相关的要求

企业标准化机构需要关注并及时了解与本企业相关的标准化法律法

第四章　机构设置、人员要求与信息管理

```
建立标准化档案　管理各类标准及其他标准化文件
├─ 开展评价　保持企业标准体系的目标性和适应性
├─ 企业标准化方针、目标、任务
│  ├─ 组织企业标准的制（修）订
│  ├─ 组织标准化知识培训与标准宣贯
│  └─ 承担或参与国家、行业、地方和团体委托的有关标准的制（修）订和审查工作
├─ 编制企业标准化规划、计划
│  ├─ 构建企业标准体系　编制企业标准体系表
│  ├─ 组织有关标准实施和企业标准体系运行
│  └─ 参加国内、国际标准化活动
├─ 跟踪、收集、整理国内外标准化信息，及时提供给使用者
├─ 制定企业标准化管理的有关制度
└─ 落实标准化法律法规、方针政策、强制性标准中与本企业相关的要求
```

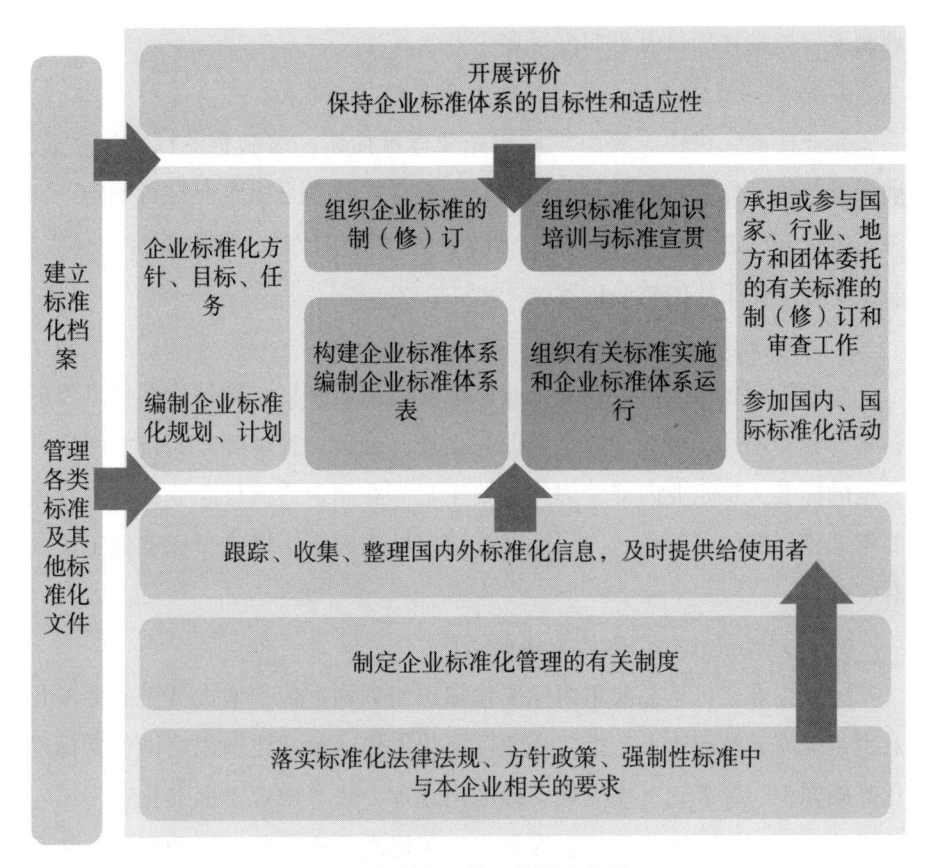

图9　标准化机构工作职责结构

规、方针政策和强制性标准，并将其贯彻落实到企业标准化工作中。

2. 组织制定并落实企业标准化方针、目标、任务，编制企业标准化规划、计划

企业标准化机构需要制定并落实企业标准化方针、目标和任务，以及制定企业标准化规划和计划，明确标准化工作的发展方向和目标。在制定企业标准化规划和计划时，应考虑到企业的实际情况，如资源、技术能力、市场需求等以制定出最适合企业发展的方案。

3. 组织制定企业标准化管理的有关制度

企业标准化机构需要制定相关的标准化管理制度，以规范标准化工作的组织、实施和管理。这些制度包括标准化文件管理制度、标准化培训管

理制度、标准化项目管理制度等多个方面。

4. 组织构建企业标准体系，编制企业标准体系表

企业标准化机构需要组织构建企业标准体系，编制企业标准体系表，确保标准化工作的系统性和全面性。企业标准体系是由企业自行制定、实施、维护和改进的标准化文件、流程、程序等组成的一整套标准化体系，是企业标准化工作的核心内容。

5. 组织企业标准的制（修）订

企业标准化机构需要组织企业标准的制定或修订，确保标准化工作的科学性和实用性。企业标准是企业在生产、经营、管理等方面自主制定并实施的标准，是企业内部管理的重要工具。在制定或修订企业标准时，需要考虑到标准的可行性、实用性以及适应性等因素，以确保标准化工作的有效性。

6. 组织标准化知识培训与标准宣贯

企业标准化机构需要组织标准化知识培训和宣传，增强员工的标准化意识，提高其技能水平，推广企业标准化工作。标准化知识培训包括标准化基础知识、标准化工作流程、标准化管理方法等内容。标准化宣传则包括对标准化工作的宣传推广，提高员工对标准化工作的认识和理解，从而提升员工的参与度和推广标准化工作的积极性。

7. 组织有关标准实施和企业标准体系运行

企业标准化机构需要组织有关标准的实施和企业标准体系的运行，确保标准化工作的顺利开展。在标准实施和企业标准体系运行过程中，需要进行标准实施计划的编制、标准实施过程的监督、标准实施结果的评估等工作。

8. 进行标准化审查

企业标准化机构需要进行标准化审查，对标准化工作进行评价和监督，确保标准化工作的质量和效果。标准化审查包括对标准化工作流程的审查、标准化工作结果的评估、标准化工作质量的监督等。

9. 对企业标准化工作开展评价，保持企业标准体系的目标性和适应性

企业标准化机构需要对企业标准化工作开展评价，以确保企业标准体

系的目标性和适应性。评价包括对标准实施情况进行监督检查、对部门的意见和建议进行验证,以及对国家、行业、地方、团体发布的新标准进行分析,提出制定或修订标准的建议,维护标准的有效性和适用性。

10. 建立标准化档案,管理各类标准及其他标准化文件

企业标准化机构需要建立标准化档案,管理各类标准及其他标准化文件。这些文件包括企业标准、行业标准、国家标准以及其他有关标准化文件等。标准化档案的建立可以采用电子化或纸质化的方式进行,以便管理和查阅。

11. 跟踪、收集、整理国内外标准化信息,并及时提供给使用者

企业标准化机构需要跟踪、收集、整理国内外标准化信息,并及时提供给使用者。这些信息包括标准制定过程、标准修订情况、标准实施效果等方面,以便于企业在制定和执行标准化工作时获得及时有效的支持和指导。

12. 承担或参与国家、行业、地方和团体委托的有关标准的制(修)订和审查工作,参加国内、国际标准化活动

企业标准化机构需要承担或参与国家、行业、地方和团体委托的有关标准的制(修)订和审查工作,参加国内、国际标准化活动。这些工作包括参与有关标准的制(修)订和审查、参加国内、国际标准化组织的会议和研讨活动等。通过参与这些活动,企业标准化机构可以及时了解和掌握行业内最新的标准化动态,促进企业标准化工作的不断发展和提升。

**示例:**

B集团公司是一家拥有多个子公司的综合性企业集团,为了提高管理效率和产品质量,该公司决定设立专门的企业标准化机构。该企业标准化机构的具体工作职责如下。

(a) 贯彻落实标准化法律法规、方针政策、强制性标准中与本企业相关的要求

B集团公司的标准化机构负责及时了解相关标准化法律法规、方针政策和强制性标准,并将其贯彻落实到企业标准化工作中。

(b) 组织制定并落实企业标准化方针、目标、任务,编制企业标准化

**企业标准化建设**

规划、计划

该企业标准化机构制定并落实企业标准化方针、目标和任务，例如，制定"以客户为中心，持续改进"的企业标准化方针；明确在产品研发、生产和售后服务等环节的标准化目标和任务；编制相应的企业标准化规划和计划，例如，在3年内实现生产流程的标准化，确保标准化工作的持续改进和发展。

（c）组织制定企业标准化管理的有关制度

该企业标准化机构制定相关的标准化管理制度，如标准化文件管理制度、标准化培训管理制度、标准化项目管理制度等。这些制度将规范标准化工作的组织、实施和管理，并提高标准化工作的效率和质量。

（d）组织构建企业标准体系，编制企业标准体系表

该企业标准化机构负责组织构建企业标准体系，并编制企业标准体系表。企业标准体系是由企业自行制定、实施、维护和改进的标准化文件、流程、程序等组成的一整套标准化体系，它是企业标准化工作的核心内容。如编制质量管理手册、生产流程标准化文件等。

（e）组织企业标准的制（修）订

该企业标准化机构负责组织企业标准的制定或修订，例如，制定生产流程标准，对生产过程进行标准化，以确保产品质量的稳定性和可靠性。

（f）组织标准化知识培训与标准宣贯

B集团公司的标准化机构需要组织标准化知识培训和宣传推广，以增强员工的标准化意识，提高技能水平，推广企业标准化工作。例如，组织员工参加标准化知识培训班或者培训课程，提高员工对标准化工作的认识和理解以及对标准化工作的积极性和推广标准化工作的意愿。同时，该企业标准化机构还需要通过宣传推广，提高员工对标准化工作的重视和认识，例如在企业内部宣传标准化工作的重要性和优势，分享标准化工作的成功案例等。

（g）组织有关标准实施和企业标准体系运行

B集团公司的标准化机构需要组织有关标准的实施和企业标准体系的运行，以确保标准化工作的有效实施和运行。如制订标准实施计划、监督

## 第四章 机构设置、人员要求与信息管理

标准实施过程、评估标准实施结果等。

(h) 进行标准化审查

B集团公司的标准化机构需要进行标准化审查,对标准化工作进行评价和监督,以确保标准化工作的质量和效果。如对标准化工作流程进行审查、对标准化工作结果进行评估、对标准化工作质量进行监督等。

(i) 对企业标准化工作开展评价,保持企业标准体系的目标性和适应性

B集团公司的标准化机构需要对企业标准化工作开展评价,以保持企业标准体系的目标性和适应性。例如,对标准实施情况进行监督检查、对部门的意见和建议进行验证,以及对国家、行业、地方、团体发布的新标准进行分析,提出制定或修订标准的建议,维护标准的有效性和适用性。

(j) 建立标准化档案,管理各类标准及其他标准化文件

B集团公司的标准化机构需要建立标准化档案,并对各类标准及其他标准化文件进行管理。例如,建立标准化档案管理系统,按照分类整理标准化文件,确保标准化文件的存档和备份工作的有效性和可靠性。

(k) 跟踪、收集、整理国内外标准化信息,并及时提供给使用者

B集团公司的标准化机构需要跟踪、收集、整理国内外标准化信息,并及时提供给使用者。这些信息可以包括标准制定过程、标准修订情况、标准实施效果等方面,以便企业在制定和执行标准化工作时获得及时有效的支持和指导。例如,及时收集与公司产品和行业相关的国内外标准信息,分析这些标准的实施效果和影响,及时提供给使用者,以指导公司标准化工作的制定和改进。

(l) 承担或参与国家、行业、地方和团体委托的有关标准的制(修)订和审查工作,参加国内、国际标准化活动

B集团公司的标准化机构需要承担或参与国家、行业、地方和团体委托的有关标准的制(修)订和审查工作,参加国内、国际标准化活动。例如,参与国内外标准制定和修订工作,提出有关标准制定和修订的建议;参加国内外标准化组织的会议和研讨活动,了解国内外标准化动态,推动企业标准化工作不断提升。通过参与这些活动,B集团公司的标准化机构

**企业标准化建设**

可以为企业提供最新的标准化信息和最佳的实践机会，促进标准化工作的不断发展和提升。

### 三、生产或服务部门的标准化工作职责

在企业中，不同部门和生产单位都需要负责自身领域的标准化工作。这些部门和生产单位应该遵循企业标准化机构下达的标准化工作任务，按照要求实施与本部门有关的标准化文件，以及对新产品、改进产品、技术改造和技术引进提出标准化要求。如图10所示。

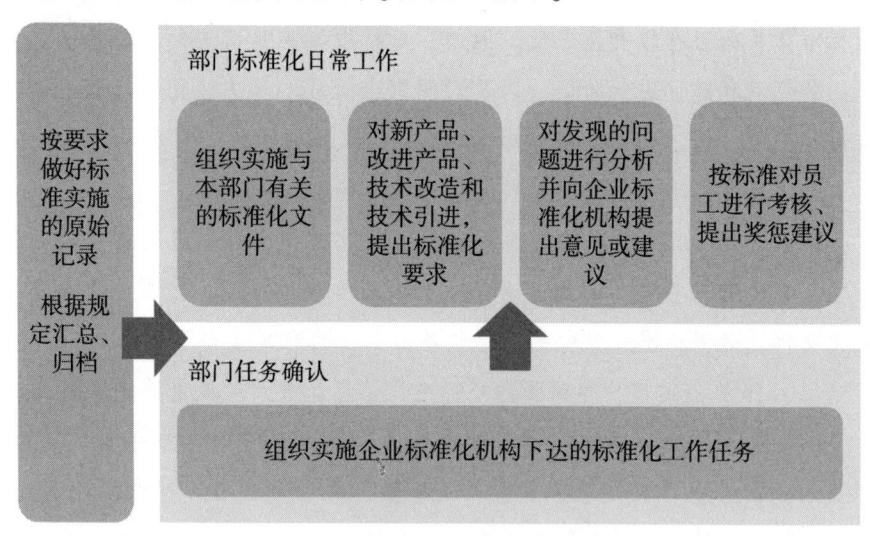

**图10　部门标准化工作职责结构图**

按图10，各部门和生产单位的标准化工作应该具体包括：

1. 组织实施企业标准化机构下达的标准化工作任务

企业标准化机构会根据企业标准化的方针、目标和任务下达相应的标准化工作任务，各部门和生产单位需要按照要求组织实施。例如，企业标准化机构可能要求某个部门制定一项标准化文件，该部门就需要按照要求进行制定，并报送企业标准化机构审批和备案。

2. 组织实施与本部门有关的标准化文件

除了企业标准化机构下达的任务外，各部门和生产单位还需要按照相关标准化文件的要求组织实施与本部门有关的标准化工作。例如，质量管

理部门需要按照ISO9001等标准实施质量管理工作，生产部门需要按照产品生产的相关标准进行生产作业等。

3. 对新产品、改进产品、技术改造和技术引进，提出标准化要求

当企业需要开发新产品、改进现有产品、进行技术改造或技术引进时，各部门和生产单位需要根据相关标准提出相应的标准化要求。例如，研发部门需要提出新产品的标准化要求，生产部门需要对新生产工艺提出标准化要求等。

4. 按要求做好标准实施的原始记录并根据规定汇总、归档

标准实施是标准化工作的重要环节，各部门和生产单位需要按照要求做好标准实施的原始记录，并根据规定进行汇总和归档。例如，生产部门需要按照相关标准实施生产作业，并做好生产记录，然后进行汇总和归档，以备后续的审查和评估。

5. 对发现的问题进行分析并向企业标准化机构提出意见或建议

在实施标准化工作的过程中，各部门和生产单位可能会发现一些问题和难点，需要对其进行分析，并向企业标准化机构提出意见或建议。例如，生产部门在实施生产作业的过程中可能会发现一些产品存在质量问题，需要分析其出现质量问题的原因，并向企业标准化机构提出改进建议。

6. 按标准对员工进行考核、提出奖惩建议

各部门和生产单位需要按照相关标准对员工进行考核，并提出相应的奖惩建议。例如，质量管理部门需要按照ISO9001标准对员工进行考核，对表现优秀的员工提出奖励，对表现不佳的员工提出改进建议或惩罚措施。奖惩的目的在于激励而不是惩罚或奖励本身。通过正面的奖励和必要的惩罚来激励员工，能够调动员工的积极性，从而提高工作效率和经济效益。

总之，各部门和生产单位在标准化工作中承担着重要的角色，需要积极参与标准化工作，确保标准化工作的有效实施和运行。同时，企业标准化机构需要对各部门和生产单位的标准化工作进行监督和评估，提供必要的支持和指导，共同推进企业标准化工作的持续发展和改进。

企业标准化建设

**示例：**

D公司是一家专业从事企业咨询服务的公司，其业务涉及企业管理、市场营销、人力资源等多个领域。为了提高咨询服务的质量和效率，D公司企业咨询服务事业部设立了标准化工作岗位，并制定了相应的标准化工作职责。具体来说，该部门的标准化工作职责包括：

（a）按照企业标准化机构下达的标准化工作任务，制定相应的标准化文件

D公司的企业标准化机构可能会下达一些与咨询服务有关的标准化工作任务，如制定标准化文件、完善标准化流程等。该部门需要按照要求组织实施这些任务，例如，制定咨询服务流程、咨询报告格式等相关标准化文件，并提交给企业标准化机构审批备案。

（b）按照相关标准化文件要求组织实施咨询服务工作

除企业标准化机构下达的任务外，该部门还需要按照相关标准化文件的要求组织实施咨询服务工作。例如，在咨询服务的过程中需要遵循客户保密协议、制订咨询服务计划等。

（c）提出咨询服务领域的标准化要求

在提供咨询服务的过程中，该部门可能会发现某些工作需要进行标准化，以对企业内部进行监督检查。例如，制定咨询服务报告时需要按照特定的格式，或者需要制定某些管理流程的标准等。该部门需要对这些领域提出相应的标准化要求，并与企业标准化机构沟通和协调。

（d）做好标准实施的记录和归档工作

标准实施是标准化工作的重要环节，可以标准化组织的工作流程和操作方式，提高工作效率，该部门需要按照要求做好咨询服务标准实施的记录，并进行汇总和归档。例如，记录每个咨询项目的标准实施情况和实施结果，并归档保存，以便后续查阅。

（e）对发现的问题进行分析并提出意见或建议

在实施咨询服务的过程中，该部门可能会发现一些问题和不足之处。例如，客户对咨询服务不满意、咨询服务流程存在缺陷等。该部门需要对这些问题进行分析，找出出现问题的原因并向企业标准化机构提出意见或

建议加以改正，以便完善咨询服务标准化工作。

（f）按标准对员工进行考核、提出奖惩建议

为了保证咨询服务的质量和效率，D公司企业咨询服务事业部还需要按照标准对员工进行考核、提出奖惩建议。员工需要按照相关标准化文件要求组织实施咨询服务工作，并做好标准实施的记录和归档工作。在这个过程中如果发现问题和不足之处，员工需要及时向上级主管和企业标准化机构反馈，并提出改进意见。基于标准化的考核体系，员工的工作质量和效率将得到更好的保障和提升，同时也有助于完善和优化咨询服务标准化工作。

## 第二节　标准化人员要求

### 一、标准化人员基本能力要求

在企业标准化工作中，标准化人员的选择是非常重要的一环。他们的能力和素质直接影响着企业标准化工作的开展和成效。如图11所示。

1）熟悉并执行标准化法律法规、方针政策；
2）掌握与业务工作相关的生产、技术、经营及管理状况，具有一定的管理和实践经验；
3）具备相应的标准化知识与所从事工作的专业技能；
4）具有相应的语言、文字、口头表达等能力；
5）具有一定的组织协调能力。

**图11　标准化人员基本能力图**

以下将对图11中提到的标准化人员基本能力进行详细说明。

1. 熟悉并执行标准化法律法规、方针政策

企业标准化工作必须遵循国家相关法律法规、方针政策的要求，标准化人员需要熟悉这些要求，并能够正确地执行。例如，标准化工作必须符合《标准化法》《标准化条例》等法律法规的规定；标准化工作还需要根据国家标准化机构下达的工作要求进行实施。标准化人员需要了解这些规

定和要求，建立健全标准化工作的组织机构和管理制度，并在标准化工作中严格遵守，确保标准化工作的合法性和有效性。

2. 掌握与业务工作相关的生产、技术、经营及管理状况，具有一定的管理和实践经验

标准化人员需要了解企业的生产、技术、经营和管理等情况，以便在标准化工作中更好地服务于企业的发展。他们需要了解企业的产品、生产工艺、市场需求等信息，以便制定符合企业实际情况的标准化工作方案。同时，标准化人员还需要具备一定的管理和实践经验，能够有效地组织和协调内部的标准化管理，带领团队完成标准化工作。

3. 具备相应的标准化知识与所从事工作的专业技能

标准化人员需要具备相应的标准化知识和所从事工作的专业技能，以便更好地完成标准化工作。他们需要了解标准化的基本原理、标准化文件的编制和实施方法、标准化审批程序等方面的知识，同时也需要具备所从事工作的专业技能，如咨询服务、产品质量控制、环境管理等。

4. 具有相应的语言、文字、口头表达等能力

标准化人员需要具备良好的语言、文字、口头表达等能力，以便与各方面进行有效的沟通。标准化工作需要进行大量的文件编制、审批、沟通等工作，标准化人员需要具备流畅的书面和口头表达能力，以便更好地传递信息和表达观点。

5. 具有一定的组织协调能力

标准化人员需要具备一定的组织协调能力，以便有效地组织和推进标准化工作，带领团队完成阶段性目标和计划。标准化工作涉及多个部门和人员，需要进行有效的协调和沟通，以便协同完成标准化工作任务。例如，标准化人员需要协调与企业标准化机构的工作关系，确保标准化工作能够顺利进行；需要与企业的各个部门进行沟通和协调，以便制定出符合企业实际情况的标准化工作方案，提高工作效率。

## 二、标准化职称申报

### (一) 基本概况

标准化职称是指标准化工作领域从事专业技术工作并符合相关条件的人员所取得的职称。标准化工作作为一项重要的基础性工作，对于促进质量提升、促进科技进步、促进经济发展具有重要的作用。标准化职称的设置，可以鼓励从事标准化工作的人员不断提高专业技能和水平，从而提高标准化工作的技术含量和质量。

标准化职称的评审是根据相关标准和条件进行的[1]，一般包括职称评审条件、评审程序和评审标准等方面。在职称评审条件方面，主要包括学历、资历、业绩、专业技术水平等方面的要求。例如，在学历方面，需要具备国家教育行政主管部门认可的学历；在资历方面，需要具备一定时间从事标准化工作的经验；在业绩方面，需要具备一定数量和质量的科研、技术开发、技术咨询、标准制定、标准实施、标准应用等方面的成果；在专业技术水平方面，需要具备较高的技术能力和技术水平，能够在标准化工作中发挥重要作用。

评审程序可以简要地理解为申报、评审、公示、发证和聘任等环节。在申报环节，申请人需要按照要求填写相关申请表格，提交相应的材料；在评审环节，评审委员会会通过评审会议的方式对申请人进行深入的审核和评估，综合考虑申请人的业绩、技术水平、综合素质等方面的情况，确定是否具备聘任标准；在公示环节，公示通过申请人的相关信息和评审结果，征求公众意见；在发证环节，申请人在网站上取得电子证书；聘任环节，申请人所在单位依据证书，决定是否聘任申请人到标准化的相应岗位上。

标准化职称评审的标准主要包括技术水平、业绩质量、创新能力、综合素质等方面。其中，技术水平是评审标准的重点，包括专业技术能力、

---

[1] 本书参照2020年广东省执行的《广东省标准化计量质量工程技术人才职称评价标准条件》。

技术贡献、科研水平等方面。业绩成果是评审标准的关键内容之一，主要考核申请人在标准化工作中所取得的具体业绩和成果，包括标准制定、标准实施、标准应用等方面。创新能力是评审标准的另一个重要方面，要求申请人能够在标准化研究工作中提出新的想法和方法，推动标准化工作不断创新。综合素质则是综合考虑申请人的道德品质、组织协调能力、沟通能力、团队合作精神等方面的情况，以综合评价申请人的整体素质和能力水平。

随着市场经济的发展和政府政策的调整，标准化职称的评审标准和条件应不断更新和完善，以适应标准化工作的发展和需求。同时，评审过程也不断规范和标准化，以保证评审结果的公正和客观性。标准化职称评审的结果不仅是对申请人个人能力和业绩的肯定和认可，也是对其所从事的标准化工作的质量和水平的认可和推动，对标准化工作的发展起到了积极的推动作用。

(二) 职称申报

标准化专业包括标准化理论研究、标准制（修）订、标准实施、标准技术开发、标准化咨询和标准化管理等技术岗位。标准化专业职称分为三个层次五个等级，初级职称（技术员、助理工程师）、中级职称（工程师）、高级职称（高级工程师、正高级工程师）。可在本地区的对口的专业职称技术评审委员会进行申报。相关关系如图12所示。

图12中，申报的要求需要满足基本条件和评价条件。基本条件的构成包括职业素质、健康、继续教育学习、任职岗位考核。其中，职业素质要求具备合格的思想立场和职业素养；健康条件要求身体状况能够胜任从事相关专业技术工作；继续教育学习应达到规定学时；任职岗位考核要求年度工作考核结果为合格或以上。评价条件包括学历资历、工作能力（经历）、业绩成果和学术成果三个方面。学历资历方面要求具备相应的学历背景和工作经历；工作能力（经历）方面要求具备实际完成对应等级职称的实际操作能力，并熟悉专业理论和专业技术知识；业绩成果方面要求达到对应层级所要求的一定数量和质量的业绩证明。

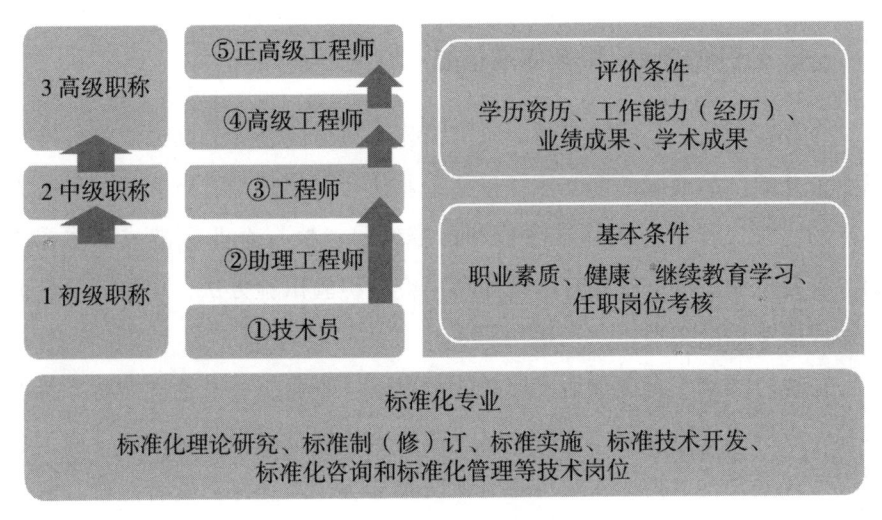

图 12　职称申报关系

## 第三节　标准化信息管理

标准化信息管理是一个有效的组织管理措施，它是将现代信息技术与先进的管理相融合，重新融合企业内外部资源，有助于提高组织的运营效率和竞争力。它涉及规划、实施、监控和持续改进标准化信息的过程，以确保组织可以满足客户需求、合规要求和利益相关者期望。在本章中，我们将探讨标准化信息管理的内容构成，以及如何实现一个成功的标准化信息管理。如图 13 所示。

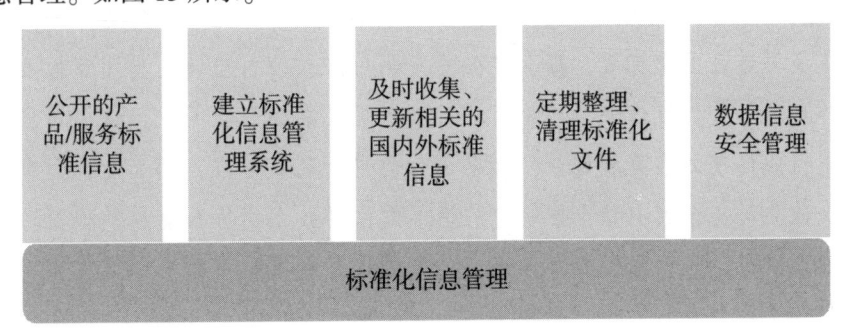

图 13　标准化信息管理工作内容

## 一、公开的产品/服务标准信息

企业在销售产品或服务前，应声明公开执行的企业产品或服务标准信息。公开的产品或服务标准信息包括企业执行国家标准、行业标准和地方标准的，应公开相应的标准名称和标准编号；执行企业标准或团体标准的，公开企业产品的主要技术指标和对应的检验试验方法，也可公开企业产品或服务标准文本。

在执行国家、行业和地方标准的情况下，企业应公开标准名称和标准编号，以便消费者查阅和核实。对于执行企业标准或团体标准的情况，企业应公开主要技术指标和对应的检验试验方法，以确保消费者能够了解产品或服务的质量和性能，并且有一定的可比性。此外，企业还可以公开企业产品或服务标准文本，以帮助消费者更好地理解标准要求和企业对产品或服务的要求。

企业应对公开的产品或服务标准信息的完整性、真实性、合法性负责，确保消费者能够正确理解产品或服务的质量和性能要求。企业公开标准信息也有助于保障企业权益，提升企业的形象和信誉度，以及提高产品或服务的市场竞争力。因此，企业应该重视公开产品或服务标准信息的工作，确保消费者能够获得真实、可靠、有效的标准信息。

**示例：**

某科技公司生产和销售电子产品，如手机，那么在销售手机之前，该公司应该公开声明执行的产品标准信息。如能效、安全、环保等方面。如果该公司遵循国家标准，那么在公开声明中，该公司应该列出国家标准的名称和编号。如果该公司遵循行业标准，那么在公开声明中，该公司应该列出行业标准的名称和编号。如果该公司自行制定标准，那么在公开声明中，该公司应该列出该企业制定的标准的主要技术指标和对应的检验试验方法。同时，无论采用哪种标准，公开的产品标准信息都应该是完整、真实、合法的。

## 二、建立标准化信息管理系统

在企业标准化工作中，建立标准化信息管理系统是非常重要的一项措施。企业应该建立标准化信息管理系统或与其他信息化管理系统融合，来对标准体系构建、标准制（修）订、标准实施与检查、评价与改进等活动信息进行专项管理。

建立标准化信息管理系统的目的是提高标准化工作的效率、质量和水平，实现标准化工作的信息化管理，使企业的标准化工作更加科学、规范、高效、可持续。在这个系统中，企业应该将标准化工作的各个环节的信息进行收集、整合、分析、存储、处理、输出等操作，确保标准化工作信息的准确性、及时性、完整性和可靠性。同时，标准化信息管理系统还应该具备方便管理、查询、分析、反馈和统计等功能，以便管理者能够对标准化工作的进展和效果进行监督和评估，及时采取措施进行调整和改进。

除了建立标准化信息管理系统，企业还可以将标准化信息管理系统与其他信息化管理系统进行融合，以达到信息的共享、资源的优化和工作的高效的目的，加强信息资源开发与利用，提高信息化建设效率。例如，可以将标准化信息管理系统与 ERP、CRM、OA 等系统进行融合，以便实现标准化工作与企业的其他管理工作的有机结合，共同推动企业的发展。同时，企业还应该对标准化工作的各个环节进行专项管理，包括标准体系构建、标准制（修）订、标准实施与检查、评价与改进等活动信息的管理，以确保标准化工作的顺利进行和有效实施。

**示例：**

汽车制造企业 D，建立了一个标准化信息管理系统来管理他们的产品和生产过程。该系统包括生产车间的操作规范、产品质量标准、零部件和材料的标准化管理以及供应商管理等方面。通过这个系统，企业可以追踪生产过程中的每一个步骤，并及时发现和纠正任何不符合标准的行为或过程。这有助于保证汽车的质量和安全性，提高消费者的信任度和忠诚度。同时，该系统还可以帮助企业进行持续改进，降低成本，提高生产效率和产品质量，从而赢得更多市场份额和客户信任。

## 三、及时收集、更新相关的国内外标准化信息

企业应该不断地收集、更新相关的国内外标准化信息，并将这些信息分析、加工、转化为标准并更新企业标准体系，以满足生产、经营和管理的需要。具体来说，可分为以下几个方面。

1. 及时收集和更新标准化信息

企业应当通过各种途径，包括但不限于网络、期刊、报纸等渠道及参加标准化组织、会议、展览等活动，积极收集并更新相关的国内外标准化信息，以确保企业的标准规范符合要求。对于已有的标准信息，应当定期进行更新，以确保信息的及时性和准确性。

2. 进行分析和加工

企业应当对所收集到的标准化信息进行仔细分析，理解其背后的原理、思路和目的，以确定其是否符合企业的需求和特点。如果符合，企业可以将其加工成自己的企业标准，如果不符合，则需要加以调整或放弃。分析和加工的过程需要专业人员和工具的支持，以确保信息的正确性和实用性。

3. 转化为标准并更新企业标准体系

经过分析和加工后，符合企业需求的标准化信息应该被转化为标准，并及时更新企业的标准体系，以不断满足企业生产、经营和管理的动态变化的需求和期望。企业应当按照标准制定的程序和要求，将其转化为企业标准，并进行内部审查、审核、批准等程序。标准体系的更新需要经过相应的流程和程序，以确保更新后的标准体系能够得到有效的应用和推广，为企业带来更大的经济效益。

4. 结合生产、经营、管理的需求

企业在进行标准化信息的收集、分析和加工过程中，需要始终以满足生产、经营和管理的需求为目标。标准化信息的应用需要考虑到企业的实际情况和需求，确保标准化工作能够有效地服务于企业的生产经营和管理活动。

**示例：**

某家电公司 M 拟推出一款新型电视机产品，并准备在市场上销售。在

第四章 机构设置、人员要求与信息管理

制定产品的规格和设计时,该公司需要考虑到不同国家、地区和行业的标准要求,以确保产品能够满足当地市场需求,并达到相关标准的要求。

首先,公司 M 应该对所涉及的国家、地区和行业的标准要求进行收集、分析和加工。比如,如果该公司计划在中国、美国和欧洲等地销售该产品,就需要收集和分析这些地区的相关标准要求,包括国家标准、地方标准和行业标准等,以确保产品符合当地的标准和法规。

其次,公司 M 可以根据收集到的标准要求和产品设计规格,制定符合相关标准的技术规范和测试方法,以确保产品的质量和安全性符合标准的要求。在这个过程中,该公司可以参考国际标准和行业最佳实践,不断改进产品设计和测试方法,以提高产品的质量和可靠性。

最后,公司 M 应该定期更新标准化信息,并对企业标准体系进行调整和更新。这可以帮助该公司在竞争激烈的市场中保持竞争优势,同时也有利于提高产品的质量和可靠性,提升用户满意度,减少售后服务成本。

## 四、定期整理、清理标准化文件

定期整理、清理标准化文件的具体工作安排如图 14 所示。

| 企业方针、目标 | 企业标准体系表与所包含的标准 | 标准实施及监督检查形成的文件及记录信息 | 企业标准化工作评价与改进形成的文件及记录信息 | 其他企业标准化文件 | 有关标准体系的信息 | 标准实施过程中的标准化信息 |
|---|---|---|---|---|---|---|
| 定期对标准化文件进行整理、清理 | | | | | 建立标准化信息反馈机制 | |
| 制定标准化文件管理制度<br>建立标准化文件管理系统 | | | | | 设立专门的标准化信息管理部门或岗位<br>制定标准化信息反馈制度和流程<br>建立信息收集和分析系统<br>定期开展标准化信息交流会议 | |
| 定期对标准化文件进行检查和审查<br>定期对标准化文件进行修订和更新 | | | | | | |
| 加强标准化文件的宣传和培训 | | | | | | |

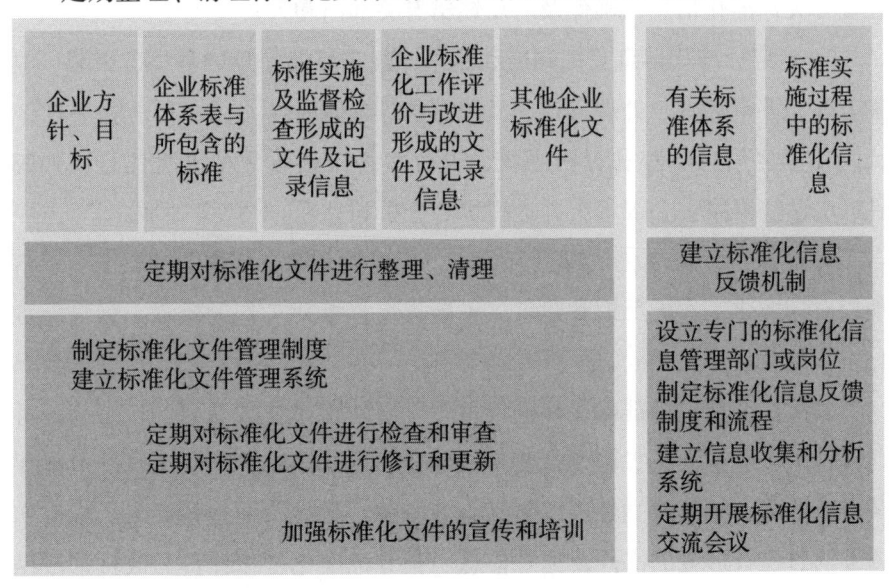

图 14 定期整理、清理标准化文件工作内容

如图 14 所示，企业在实施标准化工作中，应建立完整的标准化管理体系，其中包括建立标准化信息反馈机制和定期整理、清理标准化文件。建立标准化信息反馈机制，可以及时收集、整理、评审、处置有关标准体系和标准实施过程中的各种标准化信息。这样的机制有利于企业对标准体系和标准实施过程的监控和改进，便于管理，提高组织的整体运作效率。另外，企业还应定期对标准化文件进行整理、更新，以确保其有效适用。标准化文件至少应包括企业方针、目标、企业标准体系表与所包含的标准、标准实施及监督检查形成的文件及记录信息、企业标准化工作评价与改进形成的文件及记录信息以及其他企业标准化文件。这样可以保证标准化工作的有效实施和持续改进。

首先，建立标准化信息反馈机制对于企业来说是非常重要的，因为它可以帮助企业及时获得有关标准体系和标准实施过程中的各种标准化信息，从而更好地掌握企业标准化工作的整体情况。这些信息可以来自内部反馈或外部反馈，比如来自标准制定机构、客户、供应商、合作伙伴、行业组织、政府部门等。建立反馈机制的具体实施方法包括：

1. 设立专门的标准化信息管理部门或岗位，负责收集、整理、评审、处置有关标准化信息，确保及时反馈给有关部门和人员。

2. 制定标准化信息反馈制度和流程，规定反馈信息的种类、来源、收集方式、评审标准、处理方式、反馈对象等具体内容。

3. 建立信息收集和分析系统，通过多种渠道收集标准化信息，如邮件、电话、网络、会议等，并进行综合分析和处理。

4. 定期开展标准化信息交流会议，与相关人员进行沟通和交流，了解他们对标准化工作的反馈和建议，不断提高标准化工作的质量，促进标准化工作的改进和优化。

其次，定期对标准化文件进行整理、更新也是非常重要的，因为标准化文件是企业标准化工作的重要组成部分，需要随时更新和维护，以确保其有效适用。标准化文件可以包括企业方针、目标、标准体系表、标准实施及监督检查形成的文件及记录信息、企业标准化工作评价与改进形成的文件及记录信息、其他企业标准化文件等。整理、清理标准化文件的具体

## 第四章　机构设置、人员要求与信息管理

实施方法可以包括：

1. 制定标准化文件管理制度，规定标准化文件的收集、整理、清理、存储、查阅、保密等方面的要求。

2. 建立标准化文件管理系统，实现标准化文件的数字化、分类、检索等功能，方便随时查阅和管理。

3. 定期对标准化文件进行检查和审查，确保文件的适用性、先进性和规范性，剔除过时、重复、错误等文件。

4. 定期对标准化文件进行修订和更新，以符合国家标准和企业的最新要求，确保标准化文件的有效性和适用性。

5. 加强标准化文件的宣传和培训，让企业内部员工充分了解标准化文件的意义和作用，增强标准化意识，提高操作水平，促进标准化工作的深入开展。

综上所述，建立标准化信息反馈机制和定期整理、清理标准化文件是企业开展标准化工作的基础，是保障企业标准化工作有效性和适用性的重要措施。企业应该根据自身的发展规划、生产和经营状况，制定相应的管理制度和操作规范，并加强宣传和培训，全面推进标准化工作的落实和发展。

**示例：**

企业 N 生产某种产品，为了保证产品的质量，该企业需要制定标准，建立标准化体系，并通过反馈机制和整理、清理标准化文件等方法进行管理和优化。

首先，企业 N 可以建立标准化信息反馈机制，设立专门的标准化信息管理部门或岗位，负责收集、整理、评审、处置有关标准化信息，例如从标准制定机构、客户、供应商、合作伙伴、行业组织、政府部门等方面获得反馈信息。制定标准化信息反馈制度和流程，建立信息收集和分析系统，定期开展标准化信息交流会议，与相关方面进行沟通和交流，了解他们对标准化工作的反馈和建议，促进标准化工作的改进和优化。

其次，企业 N 可以定期对标准化文件进行整理、清理。该企业的标准化文件包括企业方针、目标、标准体系表、标准实施及监督检查形成的文

件及记录信息、企业标准化工作评价与改进形成的文件及记录信息、其他企业标准化文件等。该企业可以制定标准化文件管理制度，建立标准化文件管理系统，定期对标准化文件进行检查和审查，剔除过时、重复、错误等文件，并定期对标准化文件进行修订和更新，以符合国家标准和企业的最新要求，确保标准化文件的有效性和适用性。

企业 N 还可以结合标准化信息反馈机制和整理、清理标准化文件的方法，建立标准化信息管理系统或与其他信息化管理系统融合，对标准体系构建、标准制（修）订、标准实施与检查、评价与改进等活动信息进行专项管理。

总之，企业 N 通过建立标准化体系，建立标准化信息反馈机制和整理、清理标准化文件等方法进行管理和优化，可以提高产品的质量，满足客户需求，提升企业竞争力。

## 五、数据信息安全管理

企业在进行标准化工作时，需要采取有效措施来开展数据信息安全管理。这是因为标准化工作涉及众多的数据信息，包括企业的方针、目标、标准体系表、标准实施及监督检查形成的文件及记录信息、企业标准化工作评价与改进形成的文件及记录信息等。这些信息是企业的重要资产，涉及企业的核心竞争力和经济利益，需要得到有效的保护和管理。为此，我们需要采取必要措施，如图 15 所示。

数据信息安全管理：
- 制定数据信息安全管理制度
- 加强网络安全管理
- 建立数据备份和恢复机制
- 加强员工教育和管理
- 定期开展安全检查和评估

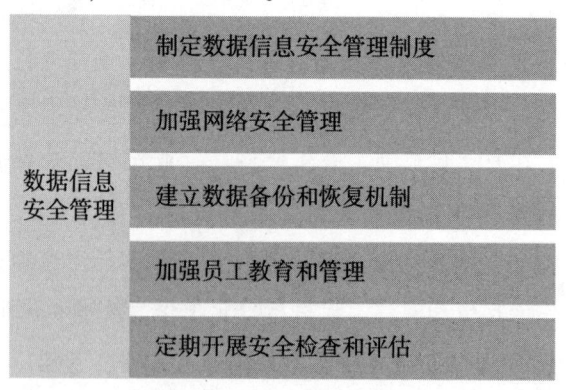

**图 15　数据信息安全措施**

如图 15 所示，为了保护数据信息安全，防止数据泄露、丢失和损坏，企业可采取以下有效措施。

1. 制定数据信息安全管理制度。制定数据信息安全管理制度，需要规定数据信息的收集、处理、存储、传输、备份等方面的要求，确保数据信息的保密性、完整性和可用性。

2. 加强网络安全管理。建立完善的网络安全管理体系，包括网络防火墙、入侵检测系统、反病毒软件等，以保障企业网络系统的安全运行，防范网络攻击和数据泄露等安全威胁。

3. 建立数据备份和恢复机制。建立数据备份和恢复机制，定期备份重要数据信息，并建立快速恢复机制，以确保数据的可恢复性和完整性。

4. 加强员工教育和管理。加强员工教育和管理，增强员工安全意识和保密意识，严格禁止员工私自泄露和使用企业数据信息，规范员工操作行为，防范人为疏忽和失误等安全隐患。

5. 定期开展安全检查和评估。通过定期开展安全检查和评估，可以及时发现安全隐患，并采取相应的措施来预防事故的发生，不断优化和改进安全管理体系，以提高数据信息安全的保障能力。

通过采取以上有效措施，企业可以更好地开展标准化工作，保护数据信息安全，提高标准化工作的质量和效率。

**示例：**

金融公司 Y 要实现数据信息安全管理，采取了以下措施。

（a）对数据进行分类和保护。将数据分为公开、内部和机密三种级别，并为每个级别分配相应的保护措施。公开数据可以在互联网上公开发布，内部数据仅限公司内部使用，机密数据需要设置更高级别的安全措施。

（b）实施访问控制。访问控制是指对公司内部员工和外部人员的访问权限进行控制。只有经过授权的员工才能访问相关数据，而且还需要按照角色进行分类授权，以确保数据的安全性和完整性。

（c）加强网络安全。通过使用防火墙、入侵检测系统和加密技术等手段，保护公司的网络系统免受恶意软件和黑客攻击。同时，还需要对网络进行监控和日志记录，以便在发生安全事件时及时发现和应对。

（d）加强员工安全意识培训。企业应该为员工提供有关信息安全的培训，包括如何识别网络钓鱼、如何避免泄露敏感信息、如何处理电子邮件等方面的知识，以增强员工的安全意识提高其保护信息安全的能力。

（e）定期评估和更新安全措施。企业应该定期评估和更新其数据信息安全措施，以适应不断变化的网络威胁和攻击。此外，还应该制定相应的应急预案和灾难恢复计划，以及时应对突发事件和意外情况。

# 附录1　课程习题

简介：

课程习题旨在帮助学员深入理解和掌握企业标准化建设的基础知识和实践技能。这些简答题涵盖了该课程的核心内容，涉及企业标准化的基础、策划、构建、制定、实施、检查、参与、评价、改进、创新、机构设置、人员要求和信息管理等多个方面。

这些课程习题的预期效果包括对企业标准化基础知识的理解和掌握、了解企业标准化的策划和构建方法、掌握企业标准制定或修订的流程和要点、了解企业标准实施和检查的方法和技巧、掌握企业如何参与标准化活动的方法和技巧、了解企业标准化评价和改进的方法和技巧、了解企业标准化创新的方法和实践案例、了解企业标准化机构设置、人员要求和信息管理的基本要求和实践方法。

通过完成这些课程习题，学员将能够更好地从知识层面理解企业标准化建设的理论和实践，并能适用所学知识和技能解决实际问题。

练习1　企业标准化基础与策划

练习2　企业标准体系的构建

练习3　企业标准制（修）订

练习4　企业标准的实施与检查

练习5　企业如何参与标准化活动

练习6　企业标准化的评价与改进

练习7　企业标准化（科研）创新

练习8　企业标准化的机构设置、人员要求与信息管理

## 练习1  企业标准化基础与策划

1. 什么是标准化？
2. 什么是标准化对象？
3. 为什么需要标准化？
4. 请说出标准化的优点有哪些，举例说明？
5. 什么是企业标准化工作策划？
6. 为什么企业需要进行标准化工作策划？
7. 标准化工作策划中需要考虑哪些因素？
8. 标准化工作策划的依据有哪些？
9. 标准化工作策划的内容包括哪些方面？
10. 企业在进行标准化工作策划时应该考虑到哪些利益相关方？

## 练习2  企业标准体系的构建

1. 什么是企业标准体系？
2. 企业标准体系的主要构成部分有哪些？
3. 企业标准体系如何与其他管理体系协调和配套？
4. 企业标准体系中的标准化对象是什么？
5. 如何确定一个企业的标准化对象？
6. 企业标准体系的设计依据有哪些（国家标准）？
7. 什么是企业标准体系表？
8. 什么是标准明细表？
9. 标准明细表中应该包含哪些内容？
10. 如何发布实施企业标准体系？

## 练习3　企业标准制（修）订

1. 什么是企业标准？
2. 企业标准包括哪些方面？
3. 为什么企业会制定产品/服务标准？
4. 标准的制定或修订程序主要分为几个阶段？
5. 立项阶段需要考虑哪些方面？
6. 征求意见阶段的目的是什么？
7. 标准复审的目的是什么？
8. 什么是企业标准复审？为什么要进行复审？
9. 复审的结论分为哪三种？请分别简述。
10. 什么是特殊程序？包括哪两种程序？它们分别在什么情况下使用？

## 练习4　企业标准的实施与检查

1. 什么是标准实施？
2. 为什么标准实施是企业标准化工作的重要环节？
3. 标准实施包括哪些内容？
4. 为什么需要将标准规定的要求转化为可视化形式？
5. 实施标准时需要特别关注哪些关键点？
6. 实施标准需要记录和保存哪些证据？
7. 监督检查在标准实施中的作用是什么？
8. 监督检查可以采取哪些形式？
9. 监督检查的计划应该如何制定？
10. 如何发现标准实施中存在的问题？

## 练习 5　企业如何参与标准化活动

1. 参与标准化活动的内容有什么？有什么作用？
2. 企业如何采用国际标准或国外先进标准？
3. 企业参与国家标准、行业标准、地方标准制（修）订的方式有几种？内容分别是什么？
4. 企业如何主持或参与团体标准制（修）订？
5. 企业参与标准化试点示范项目的好处是什么？
6. 企业应如何参与标准化试点示范项目？
7. 企业参与国内标准化技术委员会的做法有哪些？
8. 企业应如何参与国际标准化活动？
9. 企业应如何参与社会团体标准化活动？
10. 企业应如何参与国际标准的制（修）订？

## 练习 6　企业标准化的评价与改进

1. 什么是评价与改进？它们的作用是什么？
2. 什么是自我评价方案？为什么要制定自我评价方案？
3. 自我评价方案需要明确哪些内容？
4. 自我评价方案需要明确评价范围，它包括哪些方面？
5. 自我评价方案需要明确评价程序与方法，它们包括哪些环节和方式？
6. 自我评价方案需要确定责任部门，它们需要负责哪些工作？
7. 企业标准化工作的评价与改进应采用哪个标准？
8. 企业标准化工作的评价内容主要根据什么开展？
9. 什么是第三方评价？
10. 第三方评价机构可以是哪些机构？

## 练习7　企业标准化（科研）创新

1. 什么是标准化创新？它对企业有什么好处？
2. 企业如何通过制定标准和规范来更好地利用科技成果？
3. 如何通过标准化创新来提高企业的核心竞争力和市场地位？
4. 企业应该如何积极推动标准化创新的实施和发展？
5. 如何在标准化创新的过程中推动产、学、研协同创新？
6. 将研发成果转化为标准的好处有哪些？
7. 通过将创新的管理体制、机制、方法等成果转化为标准，可以带来哪些好处？
8. 标准化创新对于企业的经营管理水平有何作用？
9. 通过参与标准创新基地等活动，企业可以获得哪些好处？
10. 为什么企业需要加强与高校、研究机构等的合作？

## 练习8　企业标准化的机构设置、人员要求与信息管理

1. 在机构设置方面，企业应该如何设置标准化组织机构，以确保标准化工作的顺利开展？
2. 标准化人员需要具备哪些素质和能力？
3. 标准化工作需要一个健全的机构设置，最高管理者在其中担任什么角色？
4. 最高管理者在标准化工作中的职责包括哪些方面？
5. 企业应该如何明确各部门和生产单位在标准化工作中的职责？
6. 什么是企业标准化机构？它的工作职责包括哪些方面？
7. 企业可以采取哪些方式来设立标准化机构和人员？
8. 企业在制定企业标准化规划和计划时应考虑哪些实际情况？
9. 企业中不同部门和生产单位需要负责哪些标准化工作？
10. 举例说明企业标准化机构可能会下达哪些标准化工作任务？

11. 标准化人员需要掌握哪些与业务工作相关的知识和技能？
12. 标准化职称有哪些层级？
13. 标准化职称的设置对于企业和从事标准化工作的人员有哪些作用？
14. 什么是标准化信息管理？有什么作用？
15. 为什么企业需要公开产品或服务标准信息？
16. 建立标准化信息管理系统能够提高企业哪些方面的效率和水平？
17. 企业应该如何收集和更新标准化信息？
18. 为什么企业需要建立标准化信息反馈机制？
19. 请列举定期整理、清理标准化文件的具体实施方法。
20. 为什么企业需要采取有效措施来开展数据信息安全管理？

# 附录 2　课程实践

简介：

本部分课程旨在帮助学员了解和掌握企业标准化建设的基本理论和方法，提高企业标准化管理水平，推动企业发展。本实训课程主要包括实操训练和讨论交流两个部分。

在实践操作部分，学员将参与标准制定、实施与检查等方面的实践训练和讨论，通过模拟实战演练和实际操作，培养学员建设企业标准体系、制定和实施标准的能力和技能，提高标准化管理水平，支撑企业标准化建设工作的顺利开展。在讨论交流部分，着重于老师与学员之间、学员与学员之间交流互动，互相推动提升。预期效果包括：

·增强学员对企业标准化建设的认识和理解，掌握标准化建设的基本知识和方法；

·培养学员标准体系建设、企业标准制定、实施和检查、评价与改进的能力和技能，提高标准化管理水平；

·增强学员的标准化意识，提升标准化贯彻执行能力；

·为企业标准化建设工作提供良好的人才储备和实践经验。

讨论 1：企业标准化工作策划

训练 2-3：企业标准体系的构建

训练 4：企业标准的实施与检查

训练 5：企业如何参与标准化活动

训练 6：企业标准化的评价与改进

训练 7：企业标准化（科研）创新

讨论 8：企业标准化的机构设置、人员要求与信息管理

# 讨论1　企业标准化工作策划

## 一、企业标准化工作策划讨论材料模板

1. 策划依据

1.1　企业标准化工作的定义和重要性

1.2　策划标准化工作需要考虑的因素

1.2.1　相关方需求和期望

1.2.2　以顾客为关注焦点

1.2.3　政策、安全、环境、资源、地域、市场、社会责任等因素

1.3　企业发展战略及内部管理现状对标准化工作策划的影响

2. 策划内容

2.1　标准化工作方针、目标以及标准化管理体制和机制

2.2　企业标准体系，标准制（修）订计划

2.3　标准实施与监督检查的方案

2.4　采用国际标准或国外先进标准的策略

3. 实施步骤

3.1　建立工作组和工作计划

3.2　进行标准化工作现状评估

3.3　制定标准化工作方针、目标和管理体制

3.4　建立企业标准体系，开展标准制（修）订

3.5　制定标准实施与监督检查方案

3.6　采用国际标准或国外先进标准的策略

3.7　培训和宣传

4. 实施效果评估

4.1　确定评估指标和方法

4.2　进行实施效果评估

4.3　分析评估结果和问题

4.4 制订持续改进计划

5. 总结与展望

5.1 总结标准化工作策划和实施过程中的经验和教训

5.2 展望未来标准化工作的发展方向

**说明：**

本讨论材料模板旨在介绍企业标准化工作策划的重要性、策划内容、实施步骤、实施效果评估和总结与展望等方面，使学员能够理解一份有价值的策划报告是如何产生的。企业标准化工作的实施是企业管理的一项基本工作，能够提高产品和服务质量，提升企业的市场竞争力，促进可持续发展。企业在进行标准化工作策划时，需要全面考虑内外部因素和相关方需求，制定具体可行的计划和方案，并不断进行评估和改进，做好安全生产标准化工作，确保标准化工作的质量和效果。

## 二、模拟参考报告案例

企业标准化工作策划报告：鲨鱼大数据分析公司

1. 策划依据

1.1 企业标准化工作的定义和重要性

企业标准化工作是指在企业经营活动中，制定、实施、监督和改进一系列标准，以确保产品和服务的质量和可靠性，提高生产效率和效益，满足客户需求和期望，同时遵循相关法规和规范，承担社会责任。标准化工作是企业管理的基石，是企业提高核心竞争力、促进可持续发展的必要手段。

1.2 策划标准化工作需要考虑的因素

1.2.1 相关方需求和期望

企业标准化工作需要紧密关注相关方（如客户、合作伙伴、员工、社会公众等）的需求和期望，针对不同方面的需求，制定适合的标准，以满足各方的要求，提升企业的信誉度和市场竞争力。

在鲨鱼大数据分析公司，客户的需求是我们工作的重点。我们需要关注客户的数据安全需求、数据分析需求、数据资产管理需求等方面的信息，通过制定相关标准，提高我们的服务水平和客户满意度。

1.2.2　以顾客为关注焦点

企业标准化工作需要以顾客为关注焦点，通过了解客户的需求，制定适合本企业发展的标准，优化产品和服务的质量和可靠性，从而提升客户体验感，增强客户黏性，提高顾客的忠诚度。同时，对于顾客的反馈和投诉，要及时进行处理和反馈，以提升客户的满意度。

在鲨鱼大数据分析公司，我们秉持将顾客放在第一位的经营理念。通过建立服务标准和产品标准，优化我们的服务流程和提高产品质量，以求为客户提供更优质的服务。

1.2.3　政策、安全、环境、资源、地域、市场、社会责任等因素

企业标准化工作需要考虑政策、安全、环境、资源、地域、市场、社会责任等因素，遵循相关法规和规范，承担社会责任，为可持续发展创造条件。

在鲨鱼大数据分析公司，我们严格遵循政策法规和规范要求，关注数据安全防护和隐私保护问题，切实保障员工健康和安全，积极履行社会责任。同时，我们注重节约资源和环境保护，通过标准化工作，提高资源利用效率，降低对环境影响。

1.3　企业发展战略及内部管理现状对标准化工作策划的影响

企业发展战略及内部管理现状对标准化工作的策划和实施有着重要的影响。企业发展战略决定了标准化工作的目标和方向，内部管理现状则决定了标准化工作的实施方式和效果。

在鲨鱼大数据分析公司，我们的发展战略是成为数据分析领域的领先企业，为客户提供最优质的数据分析和数字化转型服务。在这一战略背景下，我们需要制定相关的标准，以保证我们的服务质量和市场竞争力。

同时，我们也需要关注内部管理现状，通过开展标准化工作，优化工作流程、提高生产效率，降低成本，为企业可持续发展创造条件。在内部管理上，我们将建立标准化工作机制和流程，明确标准化工作的职责和任务，制定相应的标准和程序，在工作中不断完善和改进。

2. 策划内容

2.1 标准化工作方针、目标以及标准化管理体制和机制

作为一家专注于数据分析和企业数字化转型的公司，我们鲨鱼大数据分析公司一直致力提供高质量、可靠性和安全性的服务。在标准化工作方面，我们的工作方针是以客户为中心，以数据安全为保障，以标准化为基础，全面提升企业的管理水平和服务质量。我们的目标是建立一套完整的标准体系，确保所有服务流程和产品质量符合标准要求，以提高客户的满意度和企业的市场竞争力。

为了实现这一目标，我们将建立标准化管理体制和机制。具体来说，我们将成立标准化工作小组，由专业的标准化工作人员和业务人员组成，制定标准化计划和实施方案，负责标准化工作的监督和检查。同时，我们还将建立标准化管理机制，制定标准化工作手册和操作规范，建立标准化文档管理系统，确保标准化工作的持续推进和有效实施。

2.2 企业标准体系，标准制（修）订计划

我们将建立符合国家标准的企业标准体系，包括服务标准、产品标准和管理标准等。我们将结合行业特点和客户需求，制定适合我们公司的标准，建立标准化工作手册和操作规范，并不断修订和完善。具体的标准制（修）订计划将根据业务发展情况和标准要求，制订年度、季度、月度的标准修订计划，确保标准体系的及时更新和有效实施。

2.3 标准实施与监督检查的方案

我们将建立标准实施与监督检查的方案，确保标准的有效实施和监督检查的严密执行。具体来说，我们将定期开展标准宣传和培训活动，推动标准的全面贯彻和实施。同时，我们将建立标准实施和监督检查的机制，由专业的标准化工作人员和业务人员组成，定期进行标准实施和监督检查，及时发现和纠正标准实施中存在的问题。

2.4 采用国际标准或国外先进标准的策略

作为一家专注于数据分析和企业数字化转型的公司，我们非常重视引进国际先进的标准和技术。我们将通过不断学习和借鉴国际标准和行业先进标准，完善和提升我们的标准体系和服务质量。

具体来说，我们将积极参与国际标准化组织和行业标准制定组织的活动，了解并采纳国际标准的相关要求和规定，将其融入我们的标准体系中。同时，我们也将关注国外先进标准的最新动态和技术发展趋势，引进并应用到我们的服务和产品中，不断提高我们的市场竞争力和客户满意度。

总之，我们将坚持以客户为中心，以标准化为基础，不断提升服务质量和管理水平，建立一套完整的标准体系，推动企业数字化的转型和发展。

3. 实施步骤

3.1 建立工作组和工作计划

为了顺利推进标准化工作，我们将组建标准化工作小组，由专业的标准化工作人员和业务人员组成。这个小组的主要职责是制订标准化工作计划和实施方案，对标准化工作的实施情况进行监督和检查，并及时反馈和纠正标准化实施中存在的问题。同时，我们将制订年度、季度、月度的标准化工作计划，确保标准化工作按照预定计划有序实施。

3.2 进行标准化工作现状评估

在实施标准化工作前，我们需要对公司现有的标准化工作情况进行全面的评估和分析，以确定标准化工作的重点和方向。评估内容包括：公司现有的标准化工作机制、标准化工作的实施情况、标准体系的完善程度等。评估结果将为我们制定标准化工作方案提供重要参考。

3.3 制定标准化工作方针、目标和管理体制

在评估的基础上，我们将制定符合公司实际情况和发展需求的标准化工作方针、目标和管理体制。我们将以客户为中心，以数据安全为保障，以标准化为基础，全面提升企业的管理水平和服务质量。我们的目标是建立一套完整的标准体系，确保所有服务流程和产品质量符合标准要求，通过持续改进和优化，不断提升企业产品和服务的标准化水平。

3.4 建立企业标准体系，开展标准制（修）订

为了建立符合国际标准的企业标准体系，我们将结合行业特点和客户需求，制定出适合企业发展的标准，并建立标准化工作手册和操作规范。

我们将根据业务发展情况和标准要求，制订年度、季度、月度的标准修订计划，确保标准体系的及时更新和有效实施。

3.5 制定标准实施与监督检查方案

我们将建立标准实施与监督检查的方案，定期开展标准宣传和培训，推动标准的全面贯彻和实施。同时，我们将建立标准实施和监督检查的机制，由专业的标准化工作人员和业务人员组成，负责标准实施和监督检查的具体工作，包括标准的执行情况、问题的反馈和纠正、标准体系的修订等。我们还将通过定期的内部审核和外部认证等方式，不断完善标准体系，提高标准化工作的质量和水平。

3.6 采用国际标准或国外先进标准的策略

作为一家专业的数据分析公司，我们将紧密关注国际标准和国外先进标准的发展和应用，积极吸收和借鉴相关经验和技术，为客户提供更加专业和优质的服务。我们将在标准制定和修订的过程中，借鉴国际标准和国外先进标准的理念和实践，以更高的标准要求和更严格的质量控制，不断提升我们的标准化工作水平和服务能力。

3.7 培训和宣传

我们将通过开展内部培训和外部宣传等方式，推动标准化工作的全面实施和落地。内部培训将覆盖所有标准化工作相关人员，包括标准制定、实施和监督检查等方面的知识和技能培训；外部宣传将通过宣传材料、宣传会议等形式，向客户和市场传递我们标准化工作的理念、价值和成果，以不断提高公司的品牌知名度和市场竞争力。同时，我们还将定期对标准化工作进行评估和反馈，不断改进和完善标准化工作，确保标准体系的稳定运行和不断提升。

4. 实施效果评估

为了确保我们的标准化工作能够顺利实施并取得预期效果，我们需要进行实施效果评估，以便及时发现和解决问题，为持续改进提供重要依据。

4.1 确定评估指标和方法

为了评估标准化工作的效果，我们将根据标准化工作方案的目标和指标，确定评估指标和方法。评估指标主要包括标准实施情况、标准执行效果、标准化工作成效、客户满意度等多个方面。评估方法将采用定期现场检查、调查问卷、统计分析等方式进行。

### 4.2 进行实施效果评估

为了全面评估标准化工作的效果，我们将定期进行实施效果评估。评估工作将由标准化工作小组组织实施，按照评估计划和方法开展评估工作，并对评估结果进行汇总分析。

### 4.3 分析评估结果和问题

评估结果和问题分析是评估标准化工作的关键环节。我们将根据评估结果，对标准化工作中存在的问题进行全面分析和探讨，寻找解决问题的有效途径和方法。同时，我们也将充分肯定工作中的优点和成果，为优化工作提供重要借鉴和支持。

### 4.4 制订持续改进计划

为了持续改进标准化工作的效果，我们将根据评估结果和问题分析，制订持续改进计划。持续改进计划将分为短期、中期和长期三个阶段，以确保我们的标准化工作能够不断地得到改进和优化。同时，我们还将建立问题反馈和纠正机制，及时解决工作中存在的问题，确保标准化工作的顺利实施和有效运行。

## 5. 总结与展望

### 5.1 总结标准化工作策划和实施过程中的经验和教训

在制定标准化工作策划方案的过程中，我们深刻认识到标准化工作对企业未来发展的重要性，通过深入的市场调研和客户需求分析，我们制定了符合客户实际需求的标准化服务流程和方案，并取得了一定的成效。同时，在实施过程中，我们也面临着一些挑战和教训，例如在人员培训和沟通等方面存在不足，这些问题严重影响了我们的服务质量和客户满意度。因此，我们需要不断总结和完善标准化工作的实施过程，加强团队协作和沟通，不断提高服务质量和客户满意度。

### 5.2 展望未来标准化工作的发展方向

未来，随着企业数字化转型的加速和数据化程度的提高，标准化工作将发挥更加重要的作用。我们将继续致力于提供符合客户实际需求的标准化服务流程和方案，不断创新和完善服务内容，提高服务质量和客户满意度。同时，我们也将加强团队建设和人员培训沟通，提高员工的专业技能，增强其服务意识，以更好地满足客户需求。我们相信，在不断努力和探索中，鲨鱼大数据分析公司将成为行业内领先的标准化服务提供商。

## 训练2-3　企业标准体系的构建

1. 训练目标

本实操训练的主要目的是帮助初学者或不了解企业标准化体系的学员，掌握企业标准体系的基本概念和设计方法，以及学习如何制定标准化文件和确保企业标准化体系的科学性、系统性、适应性和可持续性。通过实践操作，学员可以更好地理解和掌握企业标准化体系的实际应用，提高自身的实践能力和综合素质。这个训练将延续3个课时。

2. 训练内容

第1个课时（上）

1）理论介绍

介绍企业标准体系的概念、标准化对象的确定、企业标准体系结构的设计、与其他管理体系的协调和配套、符合相关规定以及遵守标准化规范等方面的知识点，并解答学员提出的问题。

2）分组讨论

将学员分成若干组，每组选择一个具体的企业，根据该企业的特点确定标准化对象，并设计符合该企业特点的标准体系结构。每组在15分钟内展示自己的设计思路，并接受其他组的评价和建议。

第1个课时（下）

1）标准体系表

介绍标准体系表及标准明细表的重要性、构成和内容，并演示标准体系表的制作方法。

2）实际操作

学员分组根据分组讨论结果，在电脑上制作一份该企业的标准体系表和标准明细表，并逐步完善标准明细表中的各项内容。每组在30分钟内展示自己的标准体系表和标准明细表，并接受其他组的评价和建议。

第2个课时（上）

1）标准化文件的协调和配套

介绍企业标准体系与其他管理体系的协调和配套，以及如何吸纳和提供其他管理体系所需的标准化文件。

2）分组讨论

每组选择一种管理体系（如质量管理体系、环境管理体系、职业健康安全管理体系等），并根据理论介绍和自身的经验，讨论如何将该管理体系的标准化文件与企业标准体系相互协调和配套。每组在15分钟内展示自己的讨论结果，并接受其他组的评价和建议。

第2个课时（下）

1）标准化体系的科学性、系统性、适应性和可持续性

介绍如何确保企业标准化体系的科学性、系统性、适应性和可持续性，以及如何持续完善和更新企业标准化体系。

2）实际操作

学员分组讨论如何确保企业标准化体系的科学性、系统性、适应性和可持续性，并制订相应的完善和更新计划。每组在30分钟内展示自己的计划，并接受其他组的评价和建议。

3）总结讲解

学员需总结本次实操训练的主要内容和学习成果，总结成简报提交给任课老师。内容包括回顾学员在实际操作中遇到的问题和困难，可提供更多可能的解决方案和建议。

3. 课外阅读

请学员阅读和了解 GB/T 13016—2018《标准体系构建原则和要求》和 GB/T 13017—2018《企业标准体系表编制指南》，更好地掌握标准体系构建和标准体系表编制的技巧。

## 训练 4　企业标准的实施与检查

1. 训练名称

企业标准的实施与检查

2. 训练目标

·理解标准实施与检查的重要性；

·学会制订标准实施计划，并进行实施和检查；

·掌握标准化与专业技术培训的方法；

·学会制定关键点控制措施；

·掌握监督检查的方法和程序。

3. 训练安排

（1）理论课程

通过教学资料，可以帮助学员了解标准实施与检查的内容、方法和程序，以及制订标准实施计划、关键点控制措施和监督检查的方法和程序。

（2）实操训练

通过模拟标准实施与检查的实际操作（题目可自选或按 5. 参考训练题目的建议），让学员学会制订标准实施计划、关键点控制措施和监督检查的方法和程序，并实际进行实施和检查。

4. 训练总结

学员需简单写出整改实施过程并形成简报交给任课老师，内容包括以下两个部分。

理论知识：学员对于标准实施与检查的理论知识掌握情况。

实操能力：学员在实操课程中制订标准实施计划、关键点控制措施和监督检查的能力和实际操作情况。

5. 参考训练题目

（1）产品质量控制标准。要求所有产品必须符合相关的质量标准，检查包括外观、性能、尺寸等方面。

（2）人员管理标准。要求企业对员工进行规范管理，包括考勤、岗位责任、安全教育等方面。

（3）设备维护保养标准。要求企业对生产设备进行定期的维护和保养，包括设备清洁、润滑、更换易损件等方面。

## 训练 5　企业如何参与标准化活动

1. 训练目标

模拟一种标准化活动的参与过程，能够从模拟活动中（或者真实经历中）加深对这些活动的理解。

2. 训练内容

选择一种参与标准化活动的方式，具体可从"4. 参考训练题目"中选取，简述其过程，最后拟定取得什么成果。

如：主持或参与了国家、行业、地方或团体标准的制定，过程如何，结果如何，带来了什么好处。

再如：参加了国家、省、市产学研项目，与标准化的关系如何，怎么结合产生效益的。

3. 效益评估

结合训练内容，就所参与的标准化活动和企业效益之间的关系形成一个简报，交给任课老师，在课堂上形成互动交流。

4. 参考训练题目

（1）规划和开展标准化创新工作

（2）推进产、学、研协同创新

（3）技术创新成果转化为标准

（4）创新的管理体制、机制、方法等成果转化为标准

（5）申请筹建或参与标准创新基地等标准化创新活动

（6）关注国际标准化创新动态

## 训练 6　企业标准化的评价与改进

1. 训练目标

模拟或结合本单位的情况，学员需要根据 GB/T 19273 或 GB/T 24421.4 填写评分表或企业标准化编制报告，以加深对企业标准化规则的认识和理解。

2. 训练内容

（1）了解 GB/T 19273 或 GB/T 24421.4 分别在哪种情况下被使用，所对应的 GB/T 15496—2017、GB/T 15497—2017、GB/T 15498—2017、GB/T 35778—2017 或 GB/T 24421.1、24421.2、24421.3 的内容大致如何。

（2）学习 GB/T 19273 或 GB/T 24421.4，尝试填写"企业标准化工作评分表"或编制企业标准化评价报告，了解当前企业标准化水平和改进方向。

（3）将编制好的文件发给任课教师，进行交流互动。

3. 总结评估

学员通过填表或编制报告，掌握如何对企业标准化当前状况进行评估的方法，并就相关方法和任课老师进行沟通交流，也可以和其他学员进行互动，互相启发。

## 训练 7　企业标准化（科研）创新

1. 训练目标

根据课程资料任选其中一种方式，参见"5. 参考训练题目"，形成简报。

2. 训练安排

（1）理论课程

通过细读教学资料和查阅信息，学员了解企业标准化（科研）创新的可行方式和内容，构想可能的切入口。

企业标准化建设

（2）实操训练

通过查找资料，形成企业标准化（科研）创新的思路、构想和实施措施。

3. 训练总结

学员需简单写出所选取的具体的企业标准化（科研）创新构思过程，形成简报交给任课老师，内容包括以下两个部分。

理论知识：学员对于具体事项理论知识的掌握情况。

实操能力：学员在对应事项的组织、沟通、策划、实施方面的统筹能力。

4. 参考训练题目

（1）规划和开展标准化创新工作

（2）推进产、学、研协同创新

（3）技术创新成果转化为标准

（4）创新的管理体制、机制、方法等成果转化为标准

（5）申请筹建或参与标准创新基地等标准化创新活动

（6）关注国际标准化创新动态

## 讨论8　企业标准化的机构设置、人员要求与信息管理

1. 讨论目标

通过结合自身情况的模拟论证，找到一种优化的实施方案，能够适用于本单位，支撑实现组织目标。

2. 编制报告

请学员根据所学习的理论，以本单位的企业标准化的机构设置、人员要求与信息管理为标准化对象，形成关于本单位的企业标准化的机构设置、人员要求与信息管理的简要报告。

报告内容应包括：基本情况、存在问题、应对措施、实施方案等几个部分。

3. 总结讨论

根据所提交的报告进行分类，选取有代表性的情况进行班级讨论。总结优劣，加深对标准化机构设置、人员要求与信息管理的认识，提升管理能力。

# 参考文献

[1] GB/T 13016—2018 标准体系构建原则和要求

[2] GB/T 13017—2018 企业标准体系表编制指南

[3] GB/T 15496—2017 企业标准体系 要求

[4] GB/T 15497—2017 企业标准体系 产品实现

[5] GB/T 15498—2017 企业标准体系 基础保障

[6] GB/T 19273—2017 企业标准化工作 评价与改进

[7] GB/T 20000.1—2014 标准化工作指南 第1部分：标准化和相关活动的通用术语

[8] GB/T 1.2—2020 标准化工作导则 第2部分：以ISO/IEC标准化文件为基础的标准化文件起草规则

[9] GB/T 20001.10—2014 标准编写规则 第10部分：产品标准

[10] GB/T 24421.1—2023 服务业组织标准化工作指南 第1部分：总则

[11] GB/T 24421.2—2023 服务业组织标准化工作指南 第2部分：标准体系构建

[12] GB/T 24421.3—2023 服务业组织标准化工作指南 第3部分：标准编制

[13] GB/T 24421.4—2023 服务业组织标准化工作指南 第4部分：标准实施及评价